내 손으로 만드는 Card 시리즈 ❻

감사 카드 만들기

혜지원

Thanks Card

THANKS CARD
들어가는 글

여러분!
감사의 마음을 전하는 계절이 돌아왔습니다.
매년 5월 8일은 감사의 마음을 전하는 어버이날이고, 5월 15일은 스승의 날입니다.
우리들의 마음을 전할 아주 좋은 기회입니다.
그렇지만 절대 커다란 선물이 필요한 것은 아닙니다. 간단한 선물이나 작은 카드만으로도 부모님과 선생님께서는 매우 기뻐하실 것입니다.
만약 영감이 필요하다면 이 책은 여러분이 정성이 듬뿍 담긴 카드를 만들 수 있도록 도와줄 것입니다. 책 속에는 창의력 넘치는 여러 가지 형태의 작품들이 소개되어 있어, 여러분이 생각지도 못했던 많은 아이디어를 얻을 수 있습니다.
여러분 모두 효도에 관한 옛이야기들을 많이 들어보았을 것입니다. 비록 옛사람들처럼 큰 일을 할 수는 없지만 부모님께 효도하는 방식은 여러 가지가 있습니다. 부모님의 입장에서 보면 말 잘 듣고, 예절 바르게 행동하는 것도 좋은 효도입니다.
사랑은 아주 작은 것에서부터 시작됩니다. 마음 속에 간직하고 있는 부모님과 소중한 사람들에 대한 사랑하는 마음을 표현해 보세요!

CONTENTS
차 례

들어가는 글	2
재료 소개	8
공구소개	10

Part 1
자연물 이용하기

I LOVE DAD	14
엄마께 꽃 한 다발	15
서로 연결된 잎맥처럼	16
넘치는 부모님의 사랑	17
자연의 의미	18
자연의 언어	20
콩의 나라	21
봄의 향기	22
조개 가족	23
변하지 않는 영원한 사랑	24
사랑이 담긴 주머니	26
달콤한 사랑의 메세지	28
낙엽이 떨어지면…	29
투명한 내 마음	30
자연과 같은 편안함	31

Part 2
간단한 재료 이용하기

어머니의 사랑	34
아빠가 가장 좋아하는 것	35
감사의 마음	36
엄마의 하루	37
엄마의 힘	38
감사하는 마음	39
사랑의 최고점	40
아버지의 즐거움	41

I LOVE MOM AND DAD!

Part 2

출근하시는 아빠	42
녹색 숲 속	43
아빠의 서류 가방	44
엄마의 부엌	45
장보러 가시는 엄마	46
아름다운 하늘	47
아빠와 자동차	48
연분홍색 언어	49
집으로 돌아오는 행복	50
아빠는 정말 위대해	51
엄마의 사랑	52
달콤한 가정	53
사랑의 선언	54

Part 3
금속 재료 이용하기

무한한 사랑	58
사랑하는 우리 아빠!	59
투명한 사랑	60
맵시 있는 우리 엄마	61
부모님의 사랑은 정말 위대해	62
엄마! 많이 힘드시지요	63
선생님 같은 아빠	64
아름다운 엄마	66
멋쟁이 우리 엄마	68
마음속에 담아둔 사랑	69

차 례

CONTENTS

Part 4
특수한 재료 이용하기

달콤한 사탕 항아리	74
따사로운 햇빛에 비춰 보아요	76
세 가지 소원	78
사랑의 보석 상자	80
청바지 속에 담긴 사랑	82
선생님, 감사합니다!	84
너 하나만을 위해서	86
네가 보고 싶은 날	87
맑은 하늘 같은 사랑	88
자유롭게 날아가고파	90
사랑의 색칠 공부	91

Part 5
하트 모형 이용하기

서로의 마음을 소중하게	94
바로 너야	95
선생님! 감사합니다	96
식지 않는 마음	97
내 마음에 날개를 달아	98
말로는 표현할 수 없어요	99
사랑의 블랙홀	100
추억의 사진	102
우정의 만물 상자	103
소중한 이별 인사	104
내 마음 속에서	105
사랑의 메시지를 보내요	106
환상적인 비누 거품	107

I LOVE MOM AND DAD!

Part 6
찍고 그리기

사랑의 참 뜻	120
사랑의 기록	121
MY DAD	122
서로 연결된 마음과 손	124
골판지의 운치	126
두 가지 색 감정	127
큰 산과 같은 아빠	128
사랑의 체험	129
빨래하기	130
기분 좋은 마음	131
엄마 사랑해요	132
작은 나무	133
마음의 도장	134
물고기 두 마리	135
밤하늘	136
물병	137
꽃 한 송이	138
두 개의 마음	139

Part 5

카드 속의 기발한 아이디어	108
아름다운 우정의 카드	109
부담없는 사랑	110
시간의 흐름	112
우정 만세	113
스승의 은혜에 감사드려요	114
아름다운 사랑의 진실	116
진실한 마음	117

재료소개

● **각종 종이**
종이의 종류는 매우 다양하므로 필요한 질감에 따라 선택할 수 있습니다. 여기에서는 머메이드지를 주로 사용합니다. 이것들로 멋있는 작품을 만들어낼 수 있습니다.

● 냅킨

● 우드락

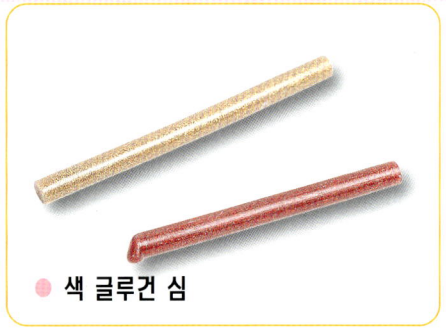

● 색 글루건 심

● 스펀지 관

재료소개

● 성냥개비

● 계란 껍데기

● 조개 껍데기

● 종이끈, 풀끈

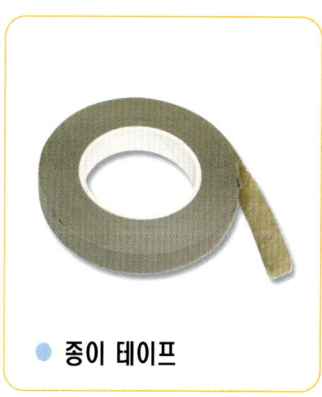
● 종이 테이프

● 구슬과 영문 단추

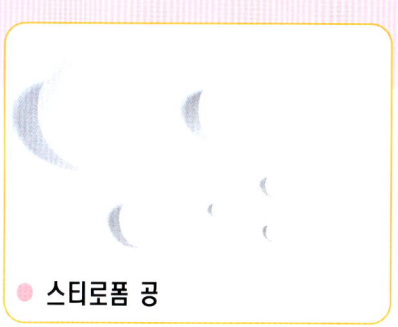
● 스티로폼 공

공·구·소·개

● 핑킹가위

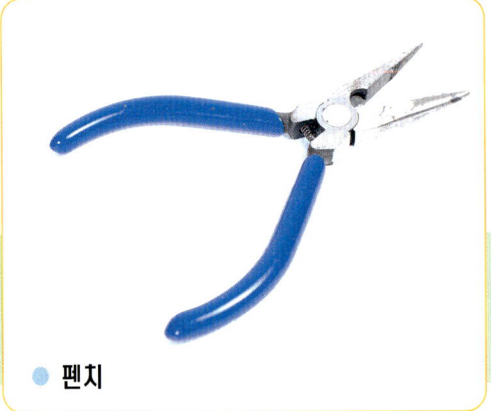
● 펜치

● 가위, 칼, 핀셋

● 철 펜

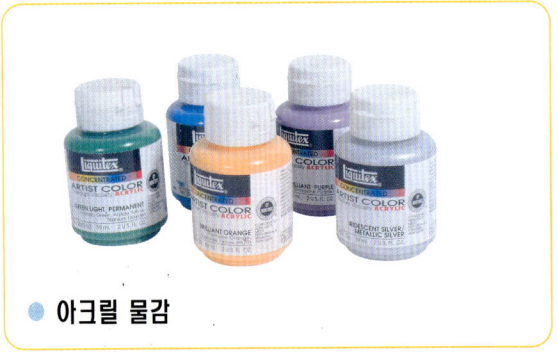
● 아크릴 물감

● 양면 테이프

공 · 구 · 소 · 개

● 조각칼

● 글루건

● 스펀지

● 모루

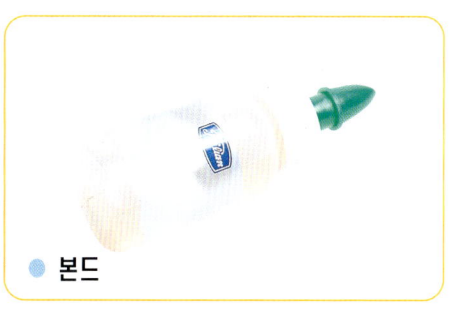
● 본드

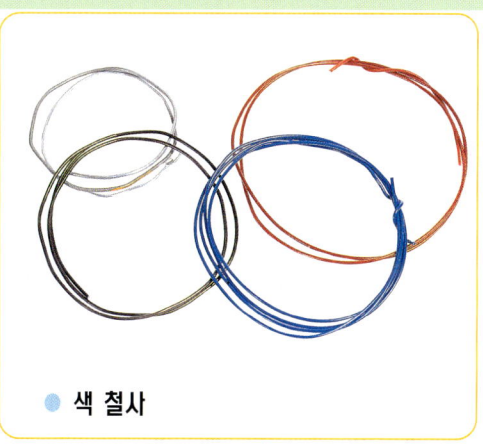
● 색 철사

Part 1
자연물
이용하기

I LOVE DAD

세 가지 다른 종류의 콩으로 영문자를 만들었습니다. 정말 재미있는 방법이죠! 여러분은 이런 생각을 해보셨나요?

준비물
팥, 녹두, 검은콩,
머메이드지,
골판지, 우드락

만드는 방법

1 중간에 구멍을 세 개 뚫은 우드락과 머메이드지를 붙입니다.

2 빈 구멍 뒷면에 각각 다른 색의 골판지를 붙입니다.

3 골판지 위에 녹두, 검은콩, 팥을 붙여 글자를 만듭니다.

4 여러 가지 색 문자 스티커로 원하는 문구를 붙이면 완성됩니다.

엄마께 꽃 한 다발

돈을 주고 산 꽃이 아닌, 여러분이 직접 만든 꽃을 엄마께 드린다면 틀림없이 더욱 기뻐하실 것입니다.

준비물
머메이드지, 골판지, 말린 꽃, 우드락, 문자 스티커, 풀끈

만드는 방법

1 액자 틀 모양으로 자른 골판지와 우드락을 붙입니다.

2 구멍이 뚫린 부분 뒷면에 골판지의 결을 반대로 해서 붙입니다.

3 풀끈으로 말린 꽃을 묶어 꽃다발을 완성합니다.

4 완성된 꽃다발을 액자 틀 안에 붙입니다.

5 원하는 문구를 붙이면 자연스럽고 사랑스러운 카드가 완성됩니다.

서로 연결된 잎맥처럼

큰 낙엽의 자연적인 질감과 귀여운
팥과 녹두의 만남!
그리고 낙엽 위에 문자 스티커를 붙이면
정말 특별한 카드가 완성됩니다.

준비물
낙엽, 팥,
녹두, 풀끈

만드는 방법

1 풀끈으로 큰 나비 리본을 묶습니다.

2 큰 낙엽에 나비 리본을 붙입니다.

3 낙엽의 잎맥을 따라 원하는 문구를 붙입니다.

4 몇 개의 글자 위에 콩을 붙여주면 느낌이 매우 특별한 카드가 완성됩니다.

넘치는 부모님의 사랑

아직 어른이 되었다고 말할 수 없지만, 저는 부모님이 얼마나 고생하셨는지 마음으로 느끼고 이해합니다.
엄마, 아빠 고생 많으셨어요!

준비물
우드락, 골판지, 머메이드지, 검은콩, 삼노끈, 문자 스티커

만드는 방법

1 우드락과 골판지를 액자 틀 모양으로 자른 다음, 서로 붙입니다.

2 골판지의 네 모서리에 검은콩을 붙입니다.

3 액자 틀 뒷면에 커피 색 머메이드지를 붙입니다.

4 카드 중앙에 삼노끈을 시계 방향으로 돌돌 감습니다.

5 삼노끈을 따라 원하는 문구를 붙이면, 활기 넘기는 카드가 완성됩니다.

자연의 의미

신선하고 우아한 자연물은 어떠한 재료와도 쉽게 어울리고, 사람들을 끌어들이는 미묘한 마력을 가지고 있습니다.

준비물
머메이드지, 조개껍데기,
포대, 삼노끈
문자 스티커

만드는 방법

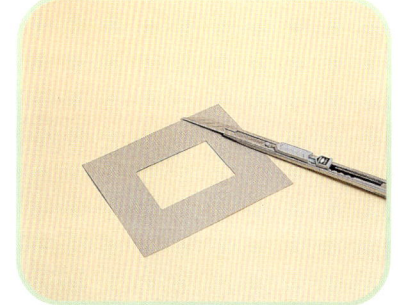

1 머메이드지의 중앙에서 긴 직사각형을 도려냅니다.

2 진한 색 머메이드지 중앙에 붙입니다.

3 카드의 네 모서리에 조개껍데기를 붙입니다.

4 포대를 작고 길게 자릅니다.

5 작게 자른 포대의 끝 부분을 몇 가닥 뽑아서 특별한 느낌이 들도록 합니다.

6 잘 정리된 포대를 카드의 네 모서리에 붙입니다.

7 카드 뒷면에 삼노끈을 걸 수 있도록 작은 고리 모양으로 만들어 붙입니다.

8 카드 중앙에 흰색 종이를 붙이고, 그 위에 원하는 문구를 붙이면 완성됩니다.

자연의 언어

녹두가 이렇게 예쁜 장식품이 될 줄은 생각지도 못했겠죠! 엄마를 따라 시장에 가서 녹두를 사다가 멋진 카드를 만들어 보세요!

준비물
머메이드지, 골판지, 우드락, 녹두, 문자 스티커

만드는 방법

1 골판지, 우드락, 머메이드지를 그림과 같이 준비합니다.

2 세 가지를 골판지, 우드락, 머메이드지 순으로 붙입니다.

3 우드락의 세 모서리에 녹두를 붙입니다.

4 머메이드지 위에 녹두로 하트 모양을 만들어 붙입니다.

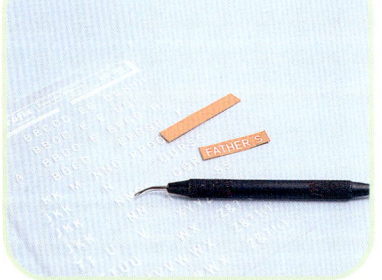

5 길게 자른 머메이드지에 원하는 문구를 붙입니다.

6 문구를 붙인 종이 조각 두 개를 카드의 위 아래에 붙이면 완성됩니다.

콩의 나라

카드가 마치 선물 같죠! 그렇지만 사실 간단하게 만들 수 있는 카드랍니다. 자~한번 직접 만들어봐요!

준비물
팥, 녹두, 우드락, 머메이드지, 문자 스티커, 풀끈

만드는 방법

1 그림과 같이 준비한 머메이드지 뒷면에 셀로판지를 붙입니다.

2 머메이드지와 같은 모양으로 우드락을 잘라 붙입니다.

3 우드락 뒷면에 길게 자른 우드락을 붙여 입체적으로 만듭니다.

4 팥과 녹두를 양쪽 삼각형에 각각 넣은 다음, 다른 머메이드지로 그 위를 덮습니다.

5 앞면 빈 곳에 원하는 문구를 붙입니다.

6 중간을 풀끈으로 묶으면 가볍고 자연스러운 느낌이 납니다.

봄의 향기

사람들이 말하기를 우리 아빠한테서 봄의 향기가 느껴진다고 합니다. 따뜻하면서도 부드럽고, 매우 신사적이고 고상하신 우리 아빠가 너무 좋습니다.

준비물
머메이드지, 말린 꽃류, 풀끈, 문자 스티커

만드는 방법

1 머메이드지를 반으로 접은 부분에 풀끈을 묶습니다.

2 카드의 앞면에 세 가지 말린 꽃 재료를 붙입니다.

3 머메이드지를 길게 여러 장 자릅니다.

4 길게 자른 종이에 원하는 문구를 붙입니다.

5 문구를 붙인 종이 조각을 말린 재료 사이사이에 붙이면 완성됩니다.

조개가족

우리 가족은 조개껍데기처럼 굳게 연결 돼있습니다. 부모님께서 모든 비바람을 막아주시기 때문에 저는 하나도 무서운 것이 없습니다.

준비물
조개껍데기, 머메이드지, 문자 스티커

만드는 방법

1 카드의 앞면 오른쪽 부분을 조금 잘라냅니다.

2 카드와 다른 색의 종이를 사각형으로 잘라 카드의 윗부분에 비스듬하게 붙입니다.

3 카드 위에 조개껍데기 두 개를 한 쌍이 되도록 붙입니다.

4 카드의 아랫부분에 검은색 문자 스티커를 붙이면 우아한 분위기의 카드가 완성됩니다.

변하지 않는 영원한 사랑

일반적으로 사람들은 아름다운 것을 보기 좋아하고, 항상 새로운 무언가를 찾는다고 합니다. 그렇지만 한결같이 우리들을 사랑해주시는 분이 있습니다.

준비물

나무 토막, 골판지, 우드락, 철사, 문자 스티커, 자수실

만드는 방법

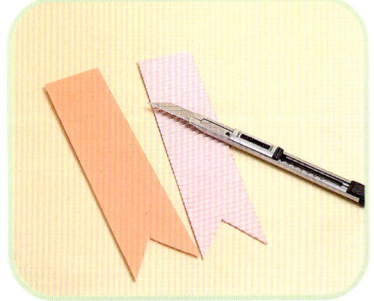

1 주황색 우드락과 분홍색 골판지를 비슷한 크기로 자른 다음, 아랫부분을 삼각형 모양으로 오립니다.

2 준비한 골판지와 우드락을 서로 겹쳐지게 붙입니다.

3 톱질한 나무 토막을 철사로 둘둘 감아 놓습니다.

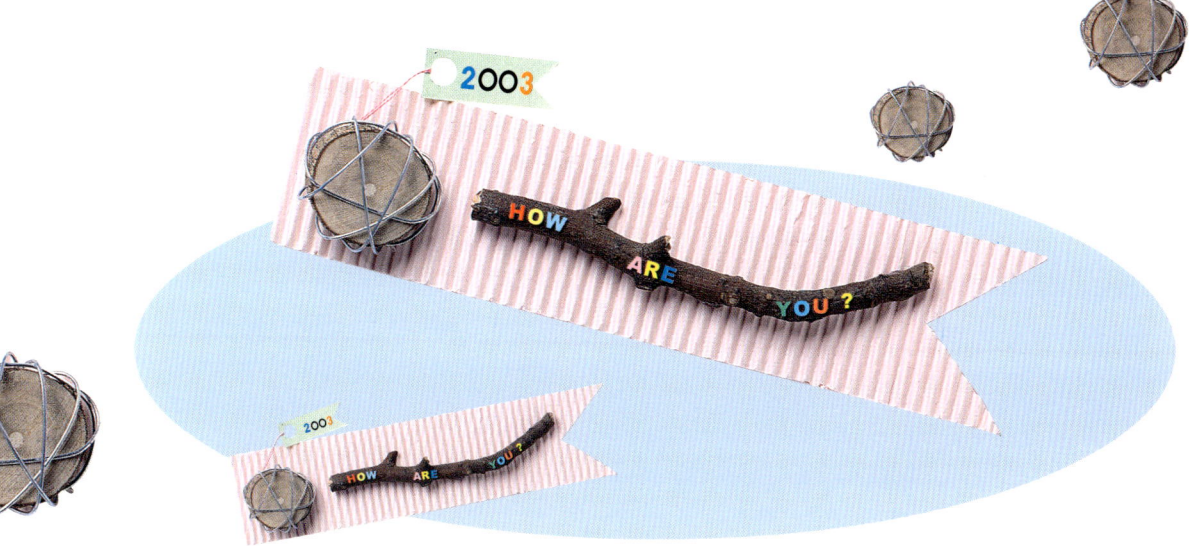

만드는 방법

4 글루건으로 나무 토막을 골판지 위에 고정시킵니다.

5 긴 나뭇가지 위에 문자 스티커로 원하는 문구를 붙입니다.

6 나뭇가지도 글루건으로 골판지에 붙입니다.

7 작게 자른 종이 조각에 선을 끼우기 좋게 펀치로 구멍을 뚫습니다.

8 종이 조각 위에 원하는 문구를 붙여 장식합니다.

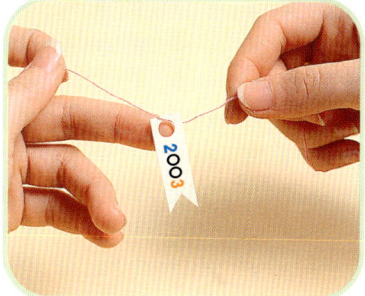

9 자수실을 구멍에 끼워 매달 수 있는 상표(라벨)를 만듭니다.

10 마지막으로 나무 토막을 감싼 철사에 자수실을 끼워 연결하면 완성됩니다.

사랑이 담긴 주머니

여러분은 붉은색 콩의 의미를 알고 있나요? 예전부터 붉은색 콩은 사랑하는 이에 대한 그리움을 나타낸다고 합니다. 그래서 저도 사랑하는 사람에 대한 마음을 투명 비닐봉지 속에 담아 보내려고 합니다.

준비물
붉은색 콩, 투명 비닐봉지, 스펀지 판, 리본, 별 모양 구슬, 하드보드지, 문자 스티커

만드는 방법

1. 투명 비닐봉지 안에 붉은 색 콩을 약 70% 정도 채워 넣습니다.

2. 예쁜 리본을 사용하여 비닐 입구를 단단하게 묶고 매듭을 짓습니다.

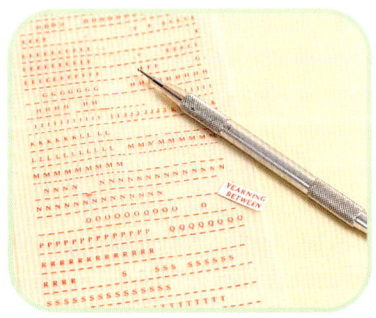

3. 종이 조각에 붉은색 문자 스티커를 붙입니다.

만드는 방법

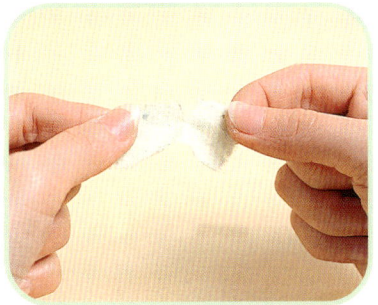

4 원하는 색 한지를 필요한 크기로 찢어 준비합니다.

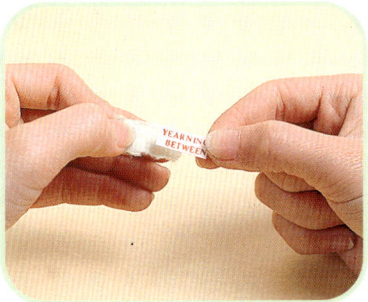

5 한지와 종이 조각을 서로 겹쳐지도록 붙여 상표(라벨)를 만듭니다.

6 준비해 놓은 상표(라벨)를 붉은색 콩 주머니에 붙입니다.

7 핀셋으로 별 모양의 구슬을 리본 위에 붙여 고정합니다.

8 분홍색 하드보드지를 삼각형으로 잘라 놓습니다.

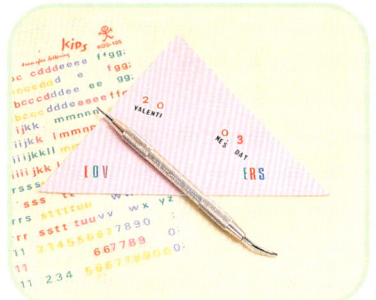

9 하드보드지의 적당한 위치에 원하는 문구를 붙입니다.

10 하드보드지의 테두리에 스펀지 관을 붙여 장식합니다.

11 스펀지 관으로 장식한 카드 안에 붉은색 콩 주머니를 붙이면, 개성 만점의 카드가 완성됩니다.

달콤한 사랑의 메시지

특별한 꽃 한 송이를 당신에게 드립니다.
그리고 거기에 저의 사랑과 감사의 마음도 담았습니다.
저의 진실된 마음을 느낄 수 있을 거예요!

준비물
나무 토막, 노란색 큰 콩,
알루미늄 선, 영자 신문,
골판지, 풀끈,
문자 스티커

만드는 방법

1 직사각형의 붉은색 골판지 위에 나무 토막을 붙여 꽃술을 만듭니다.

2 나무 토막의 가장자리를 따라 노란색 큰 콩을 꽃잎 모양으로 배열합니다.

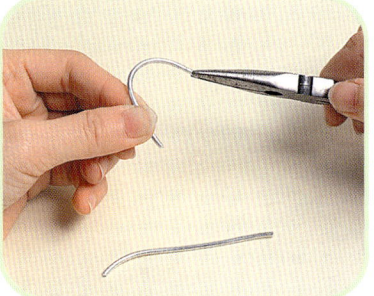

3 알루미늄 선으로 꽃의 줄기와 잎을 만듭니다.

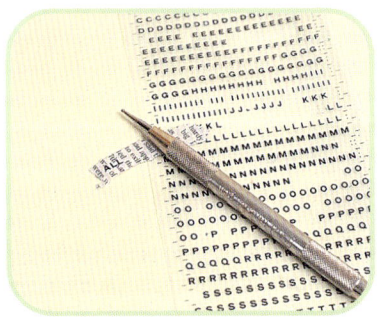

4 영자 신문을 알맞게 찢고, 그 위에 원하는 문구를 붙입니다.

5 준비된 영자 신문을 카드 아랫부분에 붙입니다.

6 마지막으로 오렌지 색 풀끈으로 카드를 감아 장식합니다.

낙엽이 떨어지면...

가을이 되면 나뭇잎이 하나 둘씩 떨어집니다. 그때마다 어렸을 적 온가족이 산으로 소풍을 갔었던 추억이 떠오르곤 합니다.

준비물
골판지, 우드락,
말린 나뭇잎,
문자 스티커, 삼노끈

만드는 방법

1 직사각형의 파란색 골판지와 길게 자른 우드락을 준비합니다.

2 우드락을 골판지 뒷부분에 가로로 붙입니다.

3 골판지의 윗부분에 펀치로 구멍을 뚫습니다.

4 원하는 문구를 낙엽 위에 붙입니다.

5 마지막으로, 삼노끈을 구멍 안에 끼워 매듭 짓습니다.

투명한 내 마음

부모님에 대한 진심어린 마음과 감사의 메시지를 가득 담아 보내세요. 비록 화려한 장식이나 달콤한 말은 아닐 지라도, 부모님에 대한 여러분의 마음을 전할 수 있습니다.

준비물
셀로판지, 말린 나뭇잎, 구슬, 문자 스티커

만드는 방법

1 노란색 셀로판지를 나뭇잎 모양으로 자릅니다.

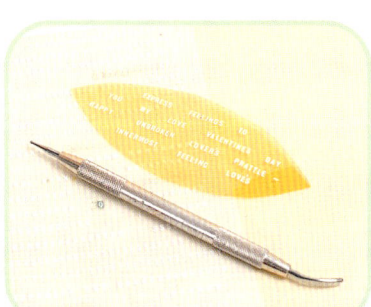
2 나뭇잎 모양의 셀로판지 위에 흰색의 문자 스티커로 원하는 문구를 붙입니다.

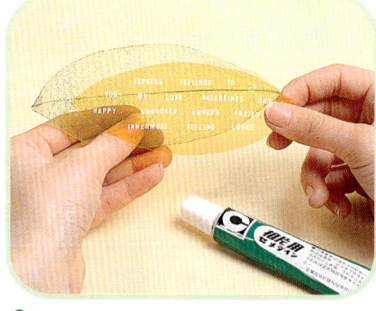
3 셀로판지와 말린 나뭇잎을 서로 겹치도록 붙입니다.

4 마지막으로 나뭇잎의 끝부분에 구슬을 끼워 장식하면 카드가 완성됩니다.

자연과 같은 편안함

피곤에 지친 날이면, 교외로 나가
신선한 공기를 마시고 싶어집니다.
영혼까지 맑게 해 주는 자연!
우리 가족은 이런 자연과 같은
편안함을 주는 곳입니다.

준비물
나무 토막, 아크릴 물감,
한지, 분홍색 골판지,
자수실

만드는 방법

1 분홍색 골판지와 불규칙한 모양의 한지를 준비합니다.

2 한지와 골판지를 서로 겹쳐지게 붙입니다.

3 나무 토막을 원하는 모양으로 배열하여 붙이고, 아크릴 물감으로 색칠합니다.

4 한지를 원하는 크기로 찢고 그 위에 원하는 문구를 붙입니다.

5 마지막으로 자수실을 십자 모양으로 감으면 완성됩니다.

Part 2
간단한 재료

이용하기

어머니의 사랑

작은 카드를 한 장 만들어 엄마께 드리는 것도 끝없는 어머니의 사랑에 감사하는 한가지 방법입니다. 서두르세요! 주저하지 말고 시작해볼까요~

준비물

머메이드지, 문자 스티커, 가는 철사, 우드락, 부직포, 화장지

만드는 방법

1 같은 크기로 자른 머메이드지와 우드락을 서로 붙입니다.

2 우드락 뒷면에 길게 자른 우드락 조각을 붙여 높이 감을 줍니다.

3 다른 종이를 우드락 뒷면에 붙인 조각과 연결하면, 입체감 있고 두꺼운 카드가 됩니다.

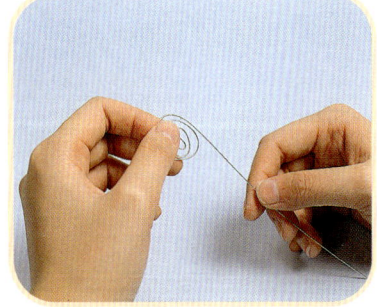

4 가는 철사를 나선형으로 구부려서 막대 사탕 모양을 만듭니다.

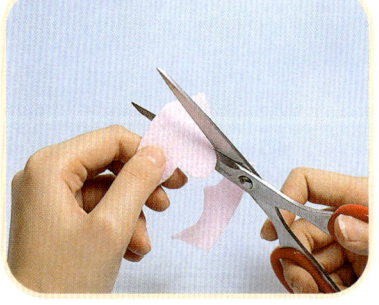

5 부직포와 한지를 하트 모양으로 오려서, 구부린 철사 사이에 꽂아 예쁘게 장식합니다.

6 검은색 문자 스티커로 원하는 문구를 붙이면 내용이 더욱 돋보이고 선명해 보입니다.

아빠가 가장 좋아하는 것

파이프는 아빠가 제일 좋아하는 것이지만, 많이 피우지는 않으십니다. 그러나 저는 아빠께서 담배를 끊으셨으면 좋겠습니다.

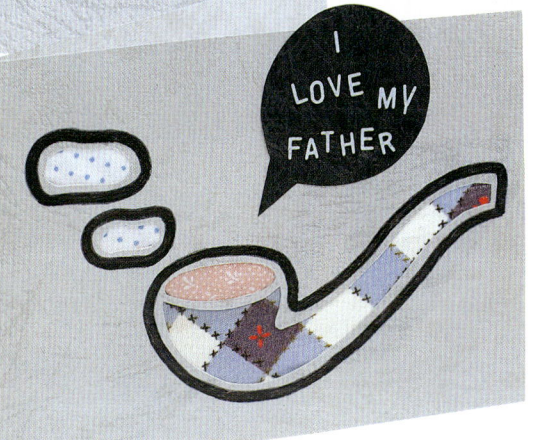

준비물

머메이드지, 조각 천, 검은색 매직, 문자 스티커

만드는 방법

1 머메이드지 위에 준비한 밑그림을 그립니다.

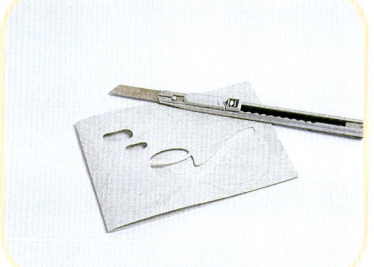

2 밑그림의 선을 따라 칼로 그림을 도려내면, 구멍이 뚫린 그림이 완성됩니다.

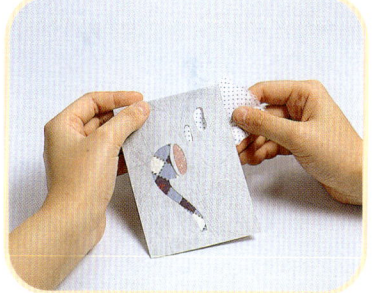

3 여러 가지 천을 준비하여 그림의 뒷면에 붙이면, 담뱃대가 멋지게 변합니다.

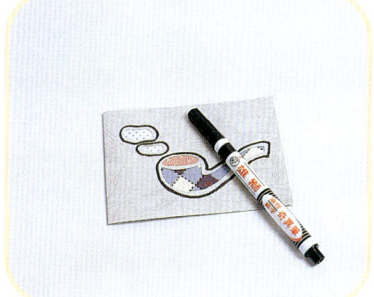

4 매직으로 그림의 주위에 검은 선을 그리면, 그림을 더욱 시원해 보이게 만듭니다.

5 검은색 종이로 말 풍선을 오려서 카드의 빈자리에 붙입니다.

6 검은색 말 풍선에 흰색 문자 스티커로 원하는 문구를 붙이면 글자가 더욱 두드러져 보입니다.

감사의 마음

떠들썩한 어버이날, 부모님께 반드시 감사의 마음을 전해야 겠죠! 꽃 한 송이나 카드 한 장으로도 부모님 께서는 감동받으실 것입니다.

준비물
머메이드지,
조각 천,
문자 스티커

만드는 방법

1 머메이드지 위에 준비한 밑그림을 그립니다.

2 밑그림의 선을 따라 칼로 그림을 도려내면, 구멍이 뚫린 그림이 완성됩니다.

3 여러 가지 천을 준비하여 그림의 뒷면에 붙이면 그림이 멋지게 변합니다.

4 빈 곳에 여러 가지 색 문자 스티커를 붙여 더욱 생동감있게 만듭니다.

엄마의 하루

우리 엄마는 가정주부이십니다.
하루 종일 바쁘게 집안 일을 하고,
밤에는 우리들을 위해 맛있는 저녁을
준비해 주십니다. 정말 힘드시겠죠!

준비물
머메이드지, 우드락,
삼노끈, 부직포,
가는 철사, 문자 스티커

만드는 방법

1 같은 크기로 자른 우드락과 머메이드지를 서로 붙입니다.

2 우드락 뒷면에 길게 자른 우드락 조각을 붙여 높이 감을 줍니다.

3 다른 종이를 우드락 뒷면에 붙인 조각과 연결하면 입체감 있고 두꺼운 카드가 됩니다.

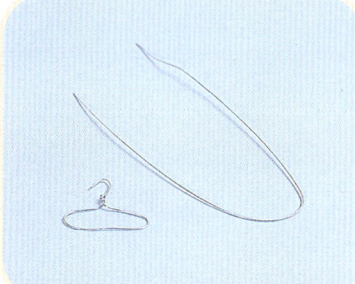

4 가는 철사를 옷걸이 모양으로 구부려 만들면 더욱 생동감 있어 보입니다.

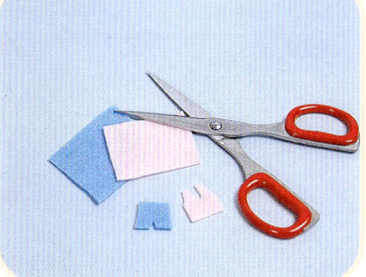

5 부직포로 작은 웃옷과 바지를 오려서 옷걸이에 고정시킵니다.

6 카드의 위 아래 빈 곳에 흰색 글자를 붙이면 산뜻한 느낌의 카드가 완성됩니다.

엄마의 힘

사랑의 힘은 정말 대단합니다. 절대로 우습게 볼 것이 못되지요. 지금 여러분이 부모님께 효도하면, 나중에 여러분의 자식들도 여러분에게 효도할 것입니다.

준비물
머메이드지, 골판지,
플라스틱 관,
문자 스티커

만드는 방법

1 머메이드지와 골판지를 정사각형으로 잘라서 골판지를 머메이드지 중앙에 붙입니다.

2 세 가지 색 머메이드지를 준비하여 그림과 같은 모양을 오립니다.

3 잘라 놓은 머메이드지를 붙여 꽃을 완성합니다.

4 녹색 플라스틱 관으로 줄기를 만들면 생동감이 느껴집니다.

5 흰색 종이 위에 검은색 글씨를 붙이면 내용이 더욱 선명하게 보입니다.

감사하는 마음

사람들은 모두 감사하는 마음을 간직하고 있습니다. 부모님께 감사하고, 선생님과 주위에 자신을 도와주는 사람들에게도 감사하는 마음을 간직하고 있습니다.

준비물

머메이드지, 부직포, 단추, 구슬, 문자 스티커, 우드락

만드는 방법

1. 머메이드지의 한 쪽을 물결무늬로 오립니다.

2. 물결 모양으로 뒤에 분홍색 종이를 붙이고, 다시 오리면, 두 가지 색이 겹쳐집니다.

3. 부직포로 웃옷과 바지 모양을 오립니다.

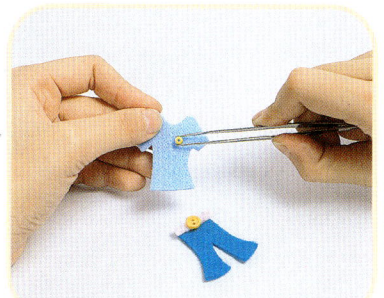

4. 단추와 구슬을 이용해서 웃옷과 바지를 각각 장식합니다.

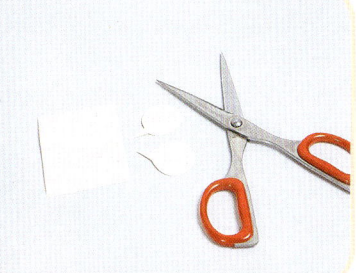

5. 미색 종이로 말 풍선을 오린 다음, 우드락에 붙여 두껍게 만듭니다.

6. 철 펜을 이용해서 카드에 원하는 문구를 붙이면 완성됩니다.

사랑의 최고점

성냥개비와 우드락을 이용해서 만들면
간단하면서도 쉽게 만들 수 있으며
보기에도 매우 자연스럽습니다.

준비물
머메이드지, 성냥개비,
우드락, 문자 스티커

만드는 방법

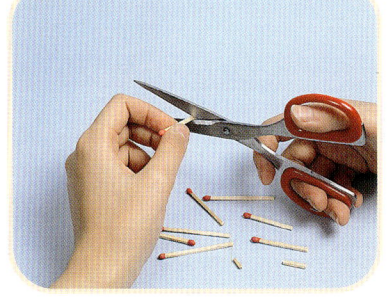

1 성냥개비를 서로 크기가 다르게 자릅니다.

2 우드락과 머메이드지를 붙여 만든 카드에 자른 성냥개비를 불규칙적으로 붙입니다.

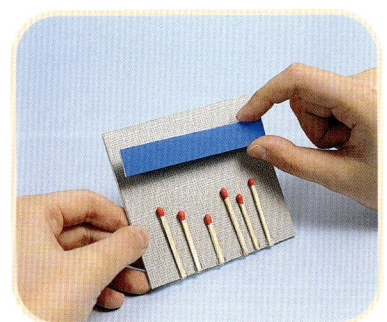

3 카드 위 쪽에 파란색 우드락을 붙입니다.

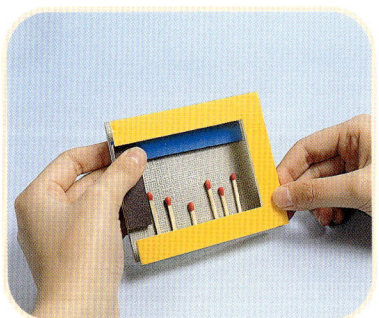

4 각 테두리에 커피 색과 노란색 우드락을 붙여 여러 가지 색으로 장식합니다.

5 우드락 위에 곧바로 글자를 붙이면 완성됩니다.

아버지의 즐거움

큰 소리로 아버지께 말씀드려요~
아빠, 어버이날 즐겁게 보내세요!
이렇게 감사의 마음을 전하면,
반드시 기쁘게 느끼실 것입니다.

준비물
머메이드지, 나무 토막,
조각 천, 문자 스티커

만드는 방법

1 핑킹가위로 카드의 한쪽 면을 잘라 무늬를 만듭니다.

2 무늬를 낸 부분 뒷면에 커피 색 종이를 붙이면, 무늬가 더욱 선명하게 나타납니다.

3 머메이드지를 사각형으로 잘라서 카드 중앙에 붙입니다.

4 나무 토막을 나막신 모양으로 깎아서 재미있는 나막신을 만듭니다.

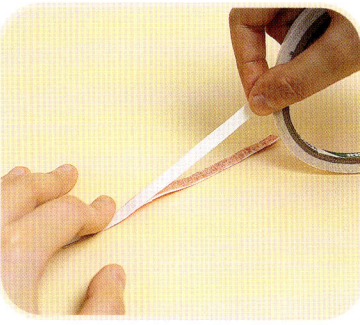

5 천에 양면 테이프를 붙여서 나무 토막에 'V'자로 붙이면 나막신이 완성됩니다.

6 카드의 빈 곳에 원하는 문구를 붙입니다.

출근하시는 아빠

아빠께서 양복을 입은 모습을 보면, 정말 멋있으십니다. 저도 커서 아빠처럼 양복이 잘 어울리는 멋진 사람이 되고 싶습니다.

준비물
머메이드지, 구김지, 문자 스티커

1 카드 위 아래에 길게 자른 진한 색 머메이드지를 붙입니다.

2 머메이드지로 와이셔츠, 넥타이, 칼라의 모양을 만듭니다.

3 옷의 여러 조각을 조합하여 옷을 완성시킨 다음, 카드에 붙입니다.

4 말 풍선 두 개를 만들어 그 위에 원하는 문구를 붙이면 완성됩니다.

녹색 숲 속

우리 집은 마치 깊은 산 속 같습니다.
아빠는 호랑이, 엄마는 사자, 그리고
저는 아기 돼지!!

준비물
머메이드지, 꽃무늬 냅킨,
문자 스티커

만드는 방법

1 냅킨의 꽃무늬를 따라 자릅니다.

2 잘라낸 냅킨 세 조각을 카드에 붙입니다.

3 남은 부분을 잘라내어 잘 정리합니다.

4 카드의 빈 곳에 원하는 문구를 붙이면 완성됩니다.

아빠의 서류 가방

부직포를 이용하여 아빠의 서류 가방을 만듭니다. 부직포의 질감을 활용하여 간단하게 만들 수 있습니다. 부직포는 카드와 잘 어울려서, 많이 사용하는 재료입니다.

준비물
머메이드지, 부직포, 문자 스티커

만드는 방법

1 카드의 앞 면 한쪽을 톱니 모양으로 오립니다.

2 부직포로 서류 가방과 하트 모양을 오립니다.

3 검은색 사인펜으로 부직포 위에 점을 찍어 장식합니다.

4 두 가지 색 부직포로 작은 원을 만듭니다.

5 완성된 서류 가방을 붙이고 작은 원으로 주위를 장식합니다.

6 마지막으로 흰색 문자 스티커를 붙이면 카드가 더욱 밝아 보이게 됩니다.

엄마의 부엌

엄마의 부엌은 항상 깨끗하게 잘 정리되어있습니다. 왜냐하면 엄마는 집안일을 아주 잘 하시기 때문입니다. 저도 커서 엄마처럼 깨끗이 정리 잘 하는 사람이 될 것입니다.

준비물
머메이드지, 구김지, 문자스티커

만드는 방법

1 머메이드지의 양쪽 끝을 톱니 모양으로 자릅니다.

2 진한 색 주름지를 뒤에 붙여 톱니 모양이 돋보이게 합니다.

3 엄마가 부엌에서 사용하시는 요리 기구를 오립니다.

4 요리 기구의 각 부분을 카드에 조합하여 붙입니다.

5 색연필로 요리 기구 주위에 선을 그어 장식하면 요리 기구가 돋보입니다.

6 카드의 빈 곳에 원하는 문구를 붙이면 완성됩니다.

장보러 가시는 엄마

오늘은 날씨가 너무 좋아 산책하고 싶습니다. 그래서 엄마께서 저를 시장에 데려가시겠다고 말씀하셨습니다. 저는 너무 기분이 좋습니다. 우리 엄마 정말 좋죠!

준비물
골판지, 머메이드지, 부직포

만드는 방법

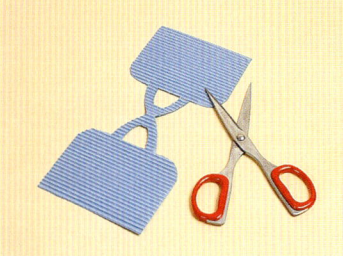

1 골판지를 그림과 같이 가방 모양으로 오립니다.

2 앞면에 두 모서리를 활 모양으로 오린 머메이드지를 붙입니다.

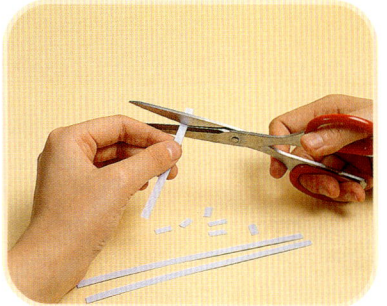

3 머메이드지를 작게 조각조각 자릅니다.

4 작게 자른 종이 조각을 머메이드지 위에 붙입니다.

5 부직포로 영문자와 하트 모양을 오립니다.

6 오려낸 부직포를 가방에 붙이면 완성됩니다.

아름다운 하늘

가끔 부모님들이 다투실 때가 있습니다. 이럴 때 부모님께서 제가 보낸 카드를 받으신다면 마음이 하늘처럼 넓어져서 더 이상 싸우지 않으실 거예요!

준비물
머메이드지, 우드락, 문자스티커

만드는 방법

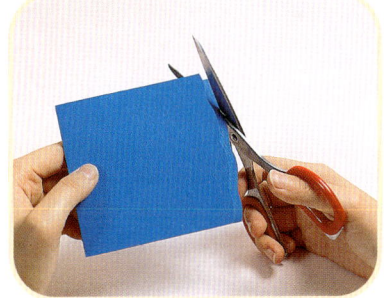

1 카드의 아랫부분을 활 모양으로 오립니다.

2 흰색 종이로 구름 모양을 여러 개 오립니다.

3 오려낸 구름 모양을 카드에 붙입니다.

4 나머지 부분은 잘라내어 깨끗이 정리합니다.

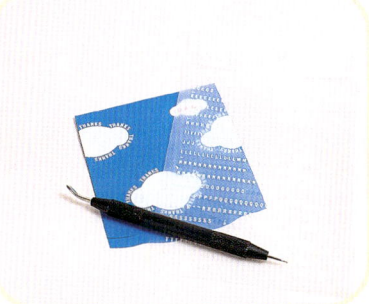

5 구름 주위에 원하는 문구를 붙입니다.

6 뒤에 우드락을 붙인 하트 모양을 카드에 붙여 입체감을 살립니다.

아빠와 자동차

아빠가 제일 좋아하는 자동차,
저도 아빠가 제일 좋아하는 사람이죠.
그렇지만 저와 자동차를 비교한다면,
아빠가 제일 좋아하는 것은
바로 저랍니다!

준비물
머메이드지,
문자 스티커

만드는 방법

1 두 가지 색 머메이드지를 크기가 다르게 잘라 서로 붙입니다.

2 머메이드지로 자동차의 여러 부위들을 오립니다.

3 자동차의 여러 부위를 조합하여 붙입니다.

4 자동차 뒷면에 우드락을 붙인 다음, 카드 중앙에 붙입니다.

5 카드의 빈 곳에 원하는 문구를 붙이면 완성됩니다.

연분홍색 언어

연분홍색과 앵두 모양이 어우러지면 너무 귀여워요! 자연의 따뜻한 분위기가 느껴지는 것 같아요.

준비물

머메이드지,
골판지,
문자 스티커

만드는 방법

1. 머메이드지를 잘라 골판지 위에 붙입니다.

2. 여러 가지 색 머메이드지를 앵두 모양으로 볼록하게 만듭니다.

3. 앵두 모양을 따라 오립니다.

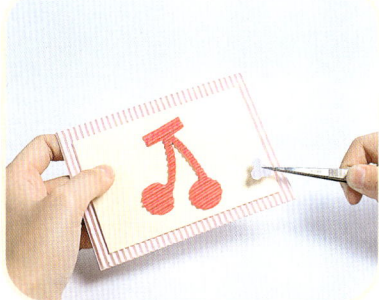

4. 카드의 양쪽 끝 부분에 세 개 씩 붙입니다.

5. 큰 앵두 주위에 원하는 문구를 붙이면 완성됩니다.

집으로 돌아오는 행복

매일 엄마 아빠는 아침 일찍부터 저녁 늦게까지 힘들게 일하십니다. 당연히 저도 엄마 아빠의 고생을 이해하기때문에 집에 돌아오면 기분 좋게 해드리려고 노력합니다.

준 비 물
머메이드지, 냅킨

만드는 방법

1 냅킨을 사각형으로 오립니다.

2 오려낸 냅킨을 카드의 왼쪽 위, 오른쪽 아래에 각각 붙입니다.

3 냅킨을 손으로 잘라 하트 모양 두 개를 만듭니다.

4 하트를 카드의 왼쪽 아래, 오른쪽 위에 각각 붙입니다.

5 냅킨 위에 원하는 문구를 붙이면 카드가 완성됩니다.

아빠는 정말 위대해

간단하고 가벼운 색과 골판지의 특수한 질감이 만나면 시원하면서도 우아한 분위기를 만들 수 있습니다. 가벼우면서 자유로운 느낌의 카드가 완성됩니다.

준비물
골판지, 머메이드지, 부직포

만드는 방법

1 카드 중앙에 골판지를 붙입니다.

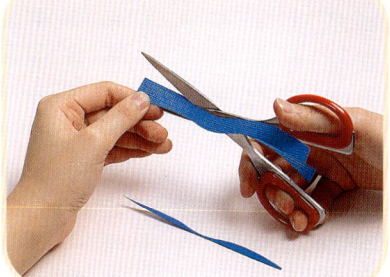

2 머메이드지를 물결 모양으로 자른 다음, 카드의 아랫부분에 붙입니다.

3 물결 모양 위에 은색 사인펜으로 점을 찍어 장식합니다.

4 'I LOVE' 네 글자와 'DAD' 세 글자를 오립니다.

5 오려낸 글자 안에 은색 사인펜으로 다시 글자를 써넣습니다.

6 완성된 영문자를 하나씩 붙이면 카드가 완성 됩니다.

엄마의 사랑

저는 엄마께서 매일 저를 위해 싸 주시는 도시락을 아주 좋아합니다. 또 저를 위해서 해주시는 일들이 너무 많습니다. 저는 정말 행복해요!

준비물
머메이드지, 조각 천, 일회용 숟가락, 문자 스티커

만드는 방법

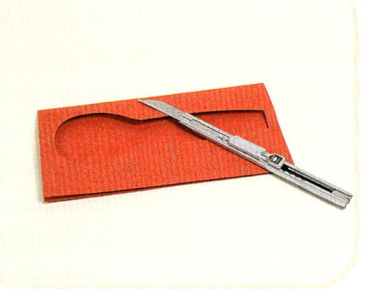

1 긴 사각형 종이를 반으로 접은 다음, 앞면에 숟가락 모양을 오려냅니다.

2 오려낸 부분의 뒷면에 줄무늬 천 조각을 붙입니다.

3 숟가락 모양을 따라 카드의 한쪽 면을 오립니다.

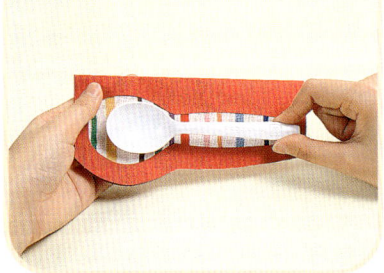

4 일회용 숟가락을 선 위에 붙입니다.

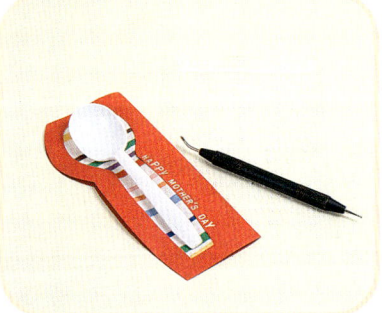

5 철 펜으로 흰색 문자 스티커를 붙이면 신선하고 자연스러운 카드가 완성됩니다.

달콤한 가정

사랑이 넘치는 우리 집, 따뜻하고 단란하고 건강한 가족이 있습니다. 형제자매간에 화목하고 부모님도 모두 자애로우십니다.

준비물

일회용 숟가락, 머메이드지, 조각 천, 문자 스티커, 리본

만드는 방법

1 일회용 숟가락에 첼 펜으로 글자를 붙입니다.

2 숟가락 중간에 리본을 묶어 장식합니다.

3 천을 직사각형으로 잘라 카드 중앙에 붙입니다.

4 장식한 일회용 수저를 교차되게 붙입니다.

5 마지막으로 카드의 빈 곳에 문구를 붙이면 카드가 완성됩니다.

사랑의 선언

수세미는 아주 좋은 재료입니다. 수세미는 어머니가 얼마나 힘드신 지 느끼게 합니다. 우리는 독립심을 길러, 어머니께서 걱정하지 않도록 해야합니다.

준비물
구김지, 삽지, 문자 스티커

만드는 방법

1 화장지의 넓이를 서로 다르게 하여 길게 자릅니다.

2 잘라낸 화장지를 머메이드지 위에 넓이를 달리해서 불규칙적으로 붙입니다.

3 카드 종이에서 넘어간 부분을 잘라내어 정리합니다.

4 가장 윗부분 화장지에 원하는 문구를 붙입니다.

5 수세미로 하트 모양을 오립니다.

6 수세미로 만든 하트 모양을 카드의 중앙에 붙이면 완성됩니다.

생활에서 상상력을 길러 보세요~

무한한 사랑

우리에 대한 부모님의 사랑은 산처럼 높고, 바다처럼 넓습니다.
반대로 부모님에 대한 우리의 사랑도 그와 같아야 합니다.

준비물
미메이드지,
알루미늄 판, 망사 리본,
문자 스티커

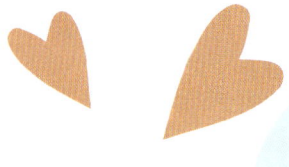

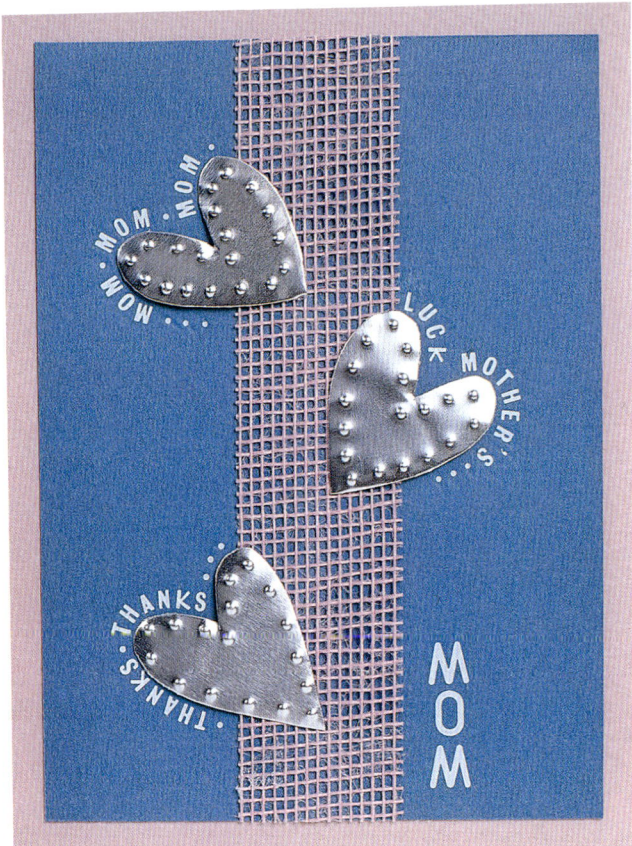

만드는 방법

1 머메이드지 두 장을 준비하여 서로 붙여서 두 가지 색 효과를 냅니다.

2 카드 중앙에 카드와 같은 색의 망사 리본을 붙입니다.

3 알루미늄 판을 서로 크기가 다른 하트 모양으로 오립니다.

4 하트 테두리를 철 펜으로 볼록하게 눌러 주어 특수 효과를 냅니다.

5 하트를 카드에 붙인 다음, 흰색 문자를 붙이면 생기넘치는 카드가 완성됩니다.

사랑하는 우리 아빠!

금속 재료를 이용하여 카드를 만들면, 독특한 질감을 살릴 수 있습니다. 그러나 금속 재료는 예리하기 때문에 만들 때 특별히 손을 조심해야 합니다!

준비물

머메이드지, 알루미늄 판, 포장지, 철사, 문자 스티커

만드는 방법

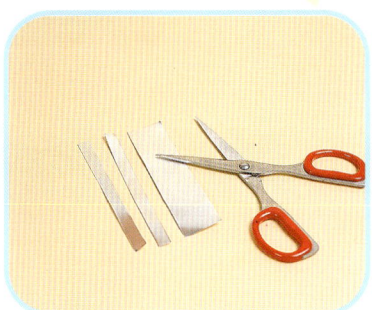

1 알루미늄 판을 길게 자릅니다.(두 개만 준비하면 됩니다)

2 철 펜으로 눌러 볼록한 점을 물결 모양으로 장식합니다.

3 장식한 알루미늄 판을 카드의 위 아래 양쪽 끝에 붙입니다.

4 카드의 중앙에 하트 모양 알루미늄 판을 붙입니다.

5 체크무늬 포장지를 하트 모양으로 오려서 알루미늄 판 위에 붙입니다.

6 체크무늬 포장지 위에 원하는 문구를 붙이면 완성됩니다.

투명한 사랑

투명하고 귀여운 작은 구슬을 투명 비닐 주머니에 넣고, 예쁜 리본으로 장식하면 기존의 카드와는 다른 매우 특별한 분위기가 날 것입니다.

준비물
머메이드지, 구슬, 알루미늄 판, 투명 비닐 주머니, 셀로판지, 리본, 문자 스티커

만드는 방법

1 사각형으로 자른 투명 셀로판지를 머메이드지 중앙에 붙입니다.

2 투명 셀로판지의 네 모서리에 알루미늄 판 조각을 붙여 장식합니다.

3 준비한 투명 비닐 주머니에 여러 가지 구슬을 넣습니다.

4 리본으로 입구를 묶어 구슬이 흘러나오지 않도록 합니다.

5 문자 스티커를 투명 셀로판지 위에 붙일 때, 약간의 힘만 주면 쉽게 붙습니다.

6 마지막으로 비닐 주머니와 분홍색 구슬을 붙이면 완성됩니다.

맵시 있는 우리 엄마

은색 금속과 진한 색 종이와의 조화, 금속의 질감을 잘 살릴 수 있어 매우 특별한 카드가 될 것입니다.

준비물
머메이드지,
알루미늄 판, 철사,
똑딱단추, 문자 스티커

만드는 방법

1 알루미늄 판으로 부채꼴 모양 4개를 오립니다.

2 부채꼴의 둥근 부분을 철 펜으로 눌러 볼록하게 만들면 특별한 효과를 낼 수 있습니다.

3 준비한 똑딱단추를 알루미늄 판 중앙에 붙입니다.

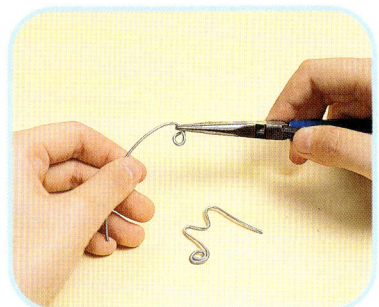

4 펜치로 철사를 구부려서 'MOM' 세 자를 만듭니다.

5 부채꼴 모양 알루미늄 판을 카드의 네 모서리에 붙이고, 철사를 가운데에 붙입니다.

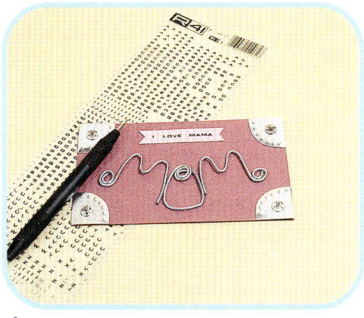

6 원하는 문구를 붙인 분홍색 종이를 카드에 붙이면 완성됩니다.

부모님의 사랑은 정말 위대해

과자 봉지의 색을 이용하여 동판의 재질과 잘 조화시키면, 카드의 전체적인 분위기가 한층 더 예스럽게 느껴집니다.

준비물
구김지, 과자 봉지, 동판, 문자 스티커

만드는 방법

1 과자 봉지를 잘 펴서 카드 중앙에 붙입니다.

2 동판을 카드의 크기에 알맞은 하트 모양으로 오립니다.

3 망치와 못을 이용해서 눈과 입 모양을 만듭니다.

4 하트의 테두리를 철 펜으로 볼록하게 눌러 줍니다.

5 완성된 하트의 뒷면에 우드락 조각을 붙여 입체감을 주어 카드에 붙이기 쉽게 합니다.

6 머메이드지를 길게 잘라 카드의 윗부분에 붙이고 그 위에 원하는 문구를 붙입니다.

엄마! 많이 힘드시지요

알루미늄 판을 이용하면 딱딱한 질감이 느껴지는데, 이것에 부드러운 분홍색 체크 무늬 포장지를 붙이면, 카드에 사랑하는 마음이 더욱 두드러질 것입니다.

준비물

머메이드지, 포장지,
알루미늄 판, 똑딱단추,
문자 스티커

만드는 방법

1 알루미늄 판을 물결 모양으로 세 개 오립니다.

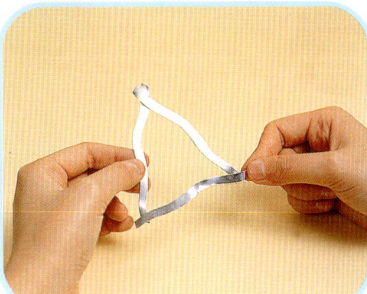

2 세 개의 알루미늄 판을 삼각형 모양으로 연결합니다.

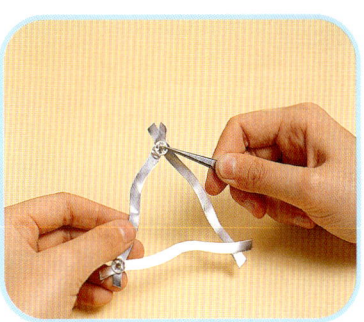

3 겹친 부분에 똑딱단추를 붙여 장식합니다.

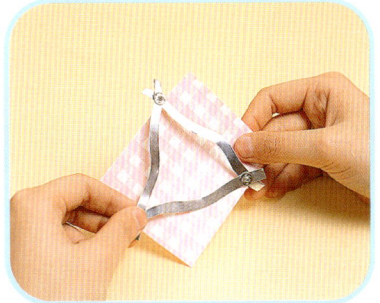

4 삼각형으로 만든 알루미늄 밑에 체크무늬 포장지를 붙입니다.

5 삼각형을 따라 남은 부분을 잘라낸 다음, 카드에 붙입니다.

6 회색 카드 위에 여러 가지 색 문자 스티커를 붙여 화려하게 장식합니다.

선생님 같은 아빠

투명 셀로판지를 이용하면 특별한 느낌을 표현할 수 있습니다. 그것에 금속의 특수한 질감을 더해주면 세련된 분위기를 물씬 풍기는 카드가 됩니다.

준비물
머메이드지, 알루미늄 판, 똑딱단추, 셀로판지, 철사, 문자 스티커

만드는 방법

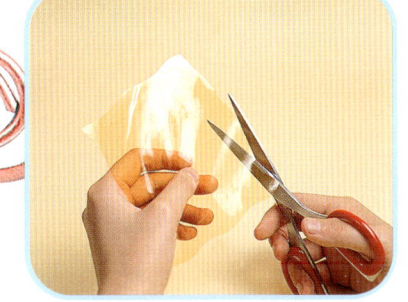

1 셀로판지의 네 테두리를 불규칙인 활 모양으로 자릅니다.

2 원형 알루미늄 판의 테두리를 삼각형 모양으로 잘라내어 꽃술을 만듭니다.

3 셀로판지를 머메이드지 중앙에 붙입니다.

4 셀로판지 네 모서리에 똑딱단추를 붙여 장식합니다.

5 중앙을 철 펜으로 눌러 볼록하게 만들어 입체감이 느껴지는 꽃술이 되게 합니다.

6 머메이드지를 사다리꼴로 다섯 개를 잘라 꽃잎을 만듭니다.

7 펜치로 철사를 구부려서 꽃의 줄기를 만듭니다.

8 꽃술, 꽃잎과 꽃줄기를 붙이면 꽃이 완성됩니다.

9 셀로판지 위에 원하는 문구를 붙이면 카드가 완성됩니다.

65

아름다운 엄마

엄마의 웃는 모습은 정말 아름답습니다.
즐거울 때나 힘들 때나 엄마는 항상 웃는
얼굴로 저희들을 대하십니다.

준비물
골판지, 은색 알루미늄 선,
타일 조각, 모루, 종이 스티커,
구슬, 영자 신문,
문자 스티커

만드는 방법

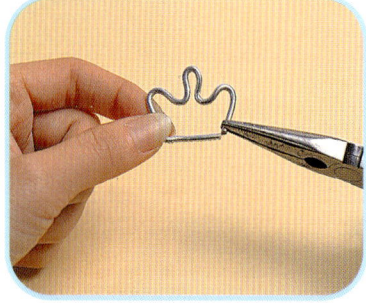

1 알루미늄 선을 왕관 모양으로 구부려 만듭니다.

2 완성된 왕관을 골판지 위에 고정시킵니다.

3 왕관 위에 여러 가지 색 구슬을 붙여 장식합니다.

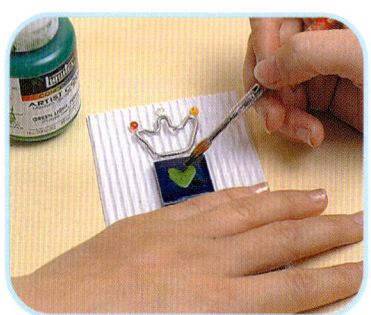

4 타일조각을 왕관 아랫부분에 붙이고, 아크릴 물감으로 하트 모양을 그립니다.

5 분홍색 모루를 두 가닥 자르고, 그 끝 부분을 파도 모양으로 구부려 형태를 만듭니다.

6 핀셋으로 준비해 놓은 두 개의 모루를 타일의 양쪽에 붙입니다.

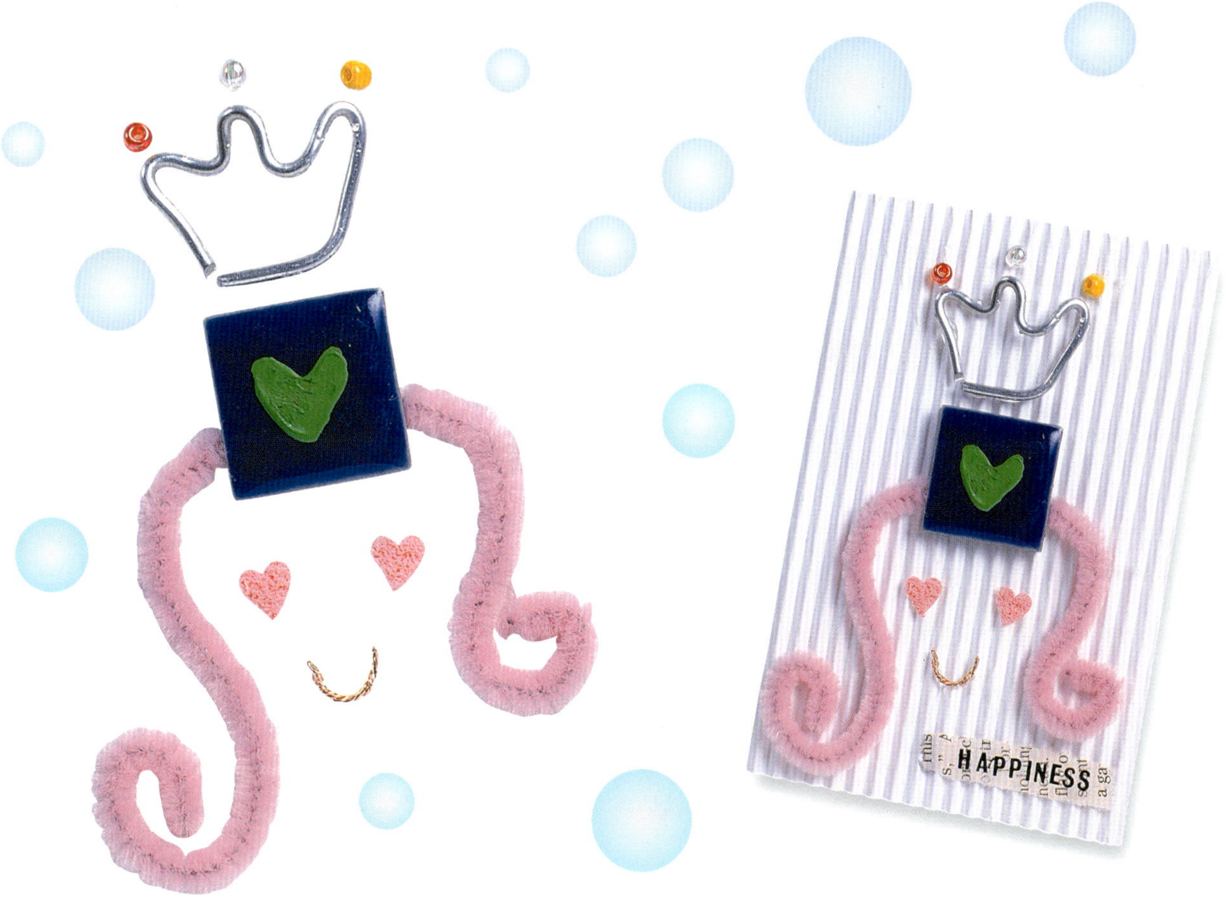

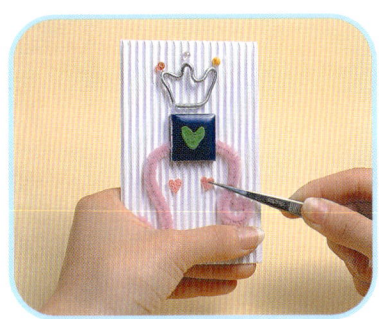

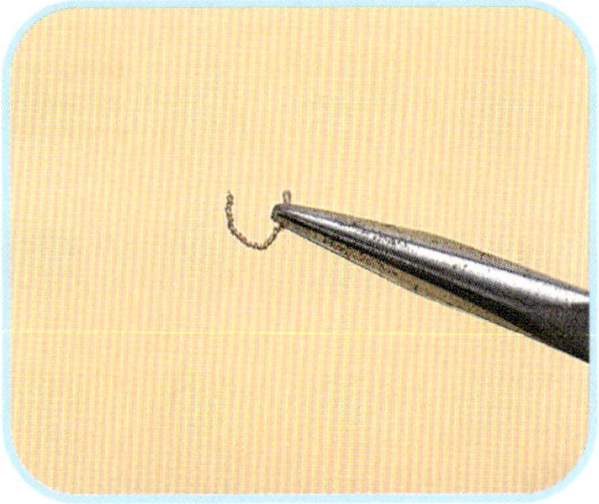

7 문구점에서 구입한 하트 모양 스티커를 붙여 왕의 눈을 만듭니다.

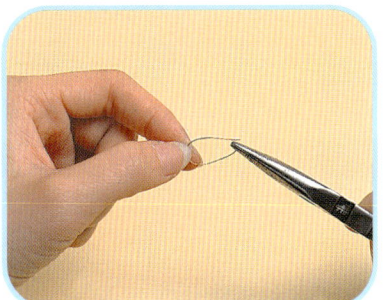

8, 9 알루미늄 선을 그림과 같이 서로 마주 보게 구부린 다음, 펜치로 나선형 모양으로 감습니다.

10 알루미늄 선을 골판지에 붙여 웃음 짓는 왕의 모습을 만듭니다.

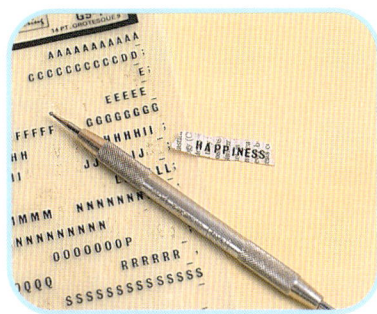

11 잘게 찢은 영자 신문 조각에 검은색 문자 스티커를 붙입니다.

12 마지막으로 영자 신문 조각을 적당한 위치에 붙여 장식하면 됩니다.

멋쟁이 우리 엄마

참신한 창의력과 깔끔한 장식으로 독특한 나만의 카드를 꾸며 보세요.
소중한 사랑이 담긴 나만의 멋진 카드를 받는다면…
상상만 해도 행복해지지 않으세요?

준비물
알루미늄 캔, 잡지,
라인 테이프, 망사 리본,
머메이드지

만드는 방법

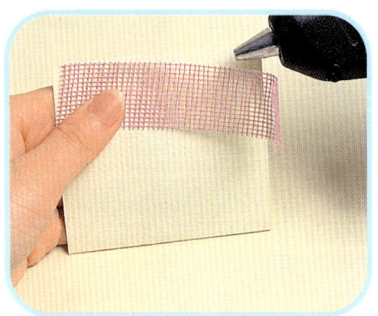

1 연한 녹색 머메이드지 위에 망사 리본을 전체적으로 붙입니다.

2 알루미늄 캔으로 액자 틀을 만들고 펜치로 가장자리를 안쪽으로 구부린 다음, 잡지에서 오려낸 그림을 붙입니다

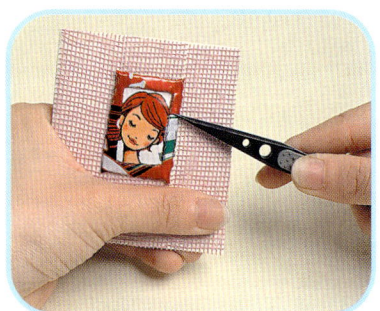

3 알루미늄 캔으로 만든 액자를 카드 위에 붙입니다.

4 카드 아랫부분에 빨간색 라인 테이프로 'LOVE' 라는 문구를 만들어 붙입니다.

마음속에 담아둔 사랑

나의 사랑을 작은 봉투에 담아 당신께 드리겠습니다. 나의 소중한 가족들, 매일 매일 같이 지내면서 말하지 못했습니다. 사랑해요!

준비물

우드락, 구리 조각, 영자 신문, 머메이드지

만드는 방법

1 머메이드지와 사각형의 중앙을 오려내 액자 틀 모양으로 만든 우드락을 준비합니다.

2 액자 틀을 머메이드지에 붙입니다.

3 영자 신문을 위의 그림과 같이 접습니다.

4 영자 신문을 단단하게 붙여 봉투를 만듭니다.

5 작은 봉투 안에 신문지를 채워 넣어, 볼록한 느낌이 나게 합니다.

6 우드락의 중간에 완성된 봉투를 고정시킵니다.

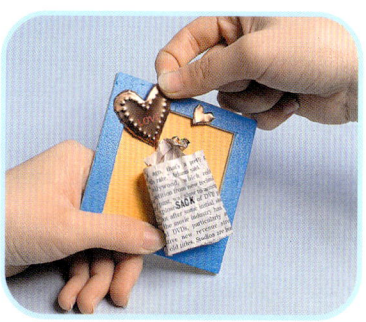

7 마지막으로 하트 모양을 카드 위에 장식하면 멋진 카드가 완성됩니다.

자주색 계열의 색깔은 금속성 느낌이 드는 은색과 잘 어울려서, 색다른 분위기를 만들어 줄 뿐만 아니라, 더욱 우아한 느낌을 날릴 수 있습니다.

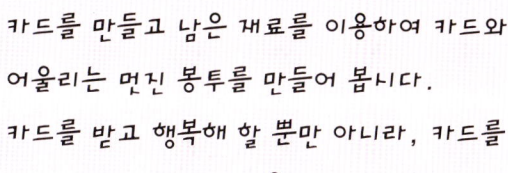

카드를 만들고 남은 재료를 이용하여 카드와 어울리는 멋진 봉투를 만들어 봅시다. 카드를 받고 행복해 할 뿐만 아니라, 카드를 보낸 당신의 세심한 마음과 사랑도 느낄 수 있을 것입니다.

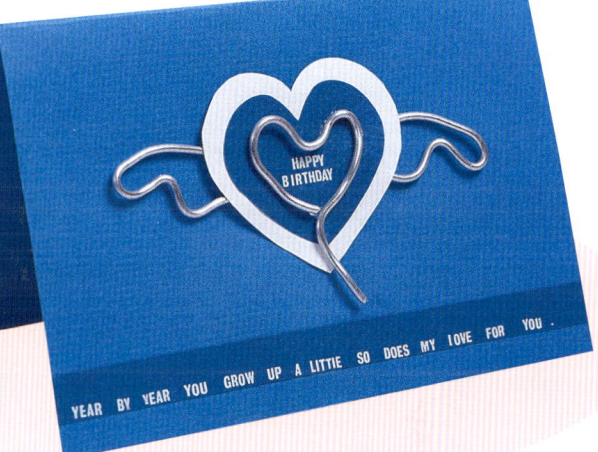
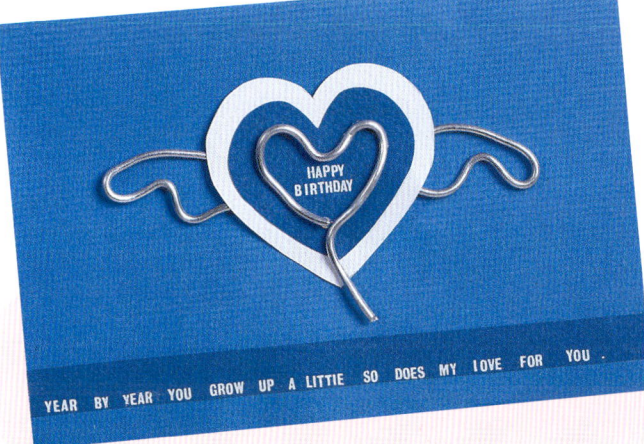

Part 4
특수한 재료 이용하기

달콤한 사탕 항아리

우리 둘이 함께 만들어 가는 새콤달콤한 사랑을 조금씩 모아서 투명한 유리병에 하나씩 담아보아요. 그것을 발효시키면 달콤한 사랑의 사탕이 완성됩니다.

 만드는 방법

1 직사각형의 우드락에 작은 직사각형을 도려내 빈 공간을 만듭니다.

2 빈 공간 뒷면에 에어캡을 붙여 특수한 효과를 나타냅니다.

3 우드락 윗부분에 원하는 문구를 붙입니다.

준비물
유리병, 냅킨, 철사,
에어캡, 구슬, 우드락,
문자 스티커,

4 우드락 아랫부분에 가는 철사를 둘둘 감아 장식합니다.

5 구슬을 유리병 안에 넣어 투명한 느낌이 나타나도록 합니다.

6 준비한 냅킨을 직사각형으로 자릅니다.

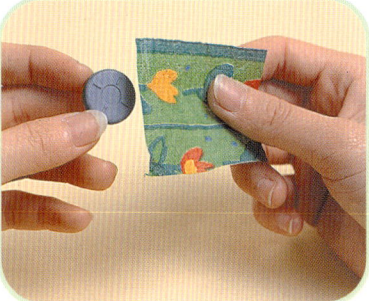

7 직사각형의 냅킨으로 유리병 뚜껑을 예쁘게 포장합니다.

8 철사를 사용하여 냅킨을 단단하게 고정시킵니다.

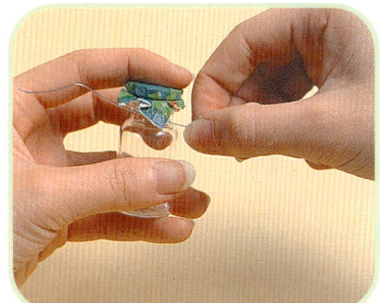

9 유리병의 몸통 부분을 철사로 다시 감고, 철사의 여유분을 넉넉하게 남겨야 합니다

10 남겨놓은 철사를 우드락의 중간 부분에 끼워 넣습니다.

11 마지막으로 유리병의 바깥 부분에 노란색 구슬로 만든 하트를 붙이면 완성됩니다.

따사로운 햇빛에 비춰 보아요

나의 소중한 친구인 너에게 여름날의 따사로운 햇빛을 보내 주려고 해.
마음이 우울할 때마다 꺼내어 마음의 위안을 얻었으면 좋겠다. 힘내, 친구야~~!!

준비물
우드락, 냅킨, EVA 폼지, 포장지, 철사, 구슬, 청바지 천, 자수실, 똑딱단추

만드는 방법

1 직사각형의 우드락과 화려한 색의 냅킨을 준비한 다음, 그것을 서로 맞대어 붙입니다.

2 다른 한 개의 우드락을 속이 빈 액자 틀 모양으로 자릅니다.

3 우드락으로 만든 액자 틀과 냅킨을 서로 겹쳐지게 붙입니다.

4 자수실을 우드락의 좌우 양끝에 붙이고, 똑딱단추로 예쁘게 장식합니다.

5 EVA 폼지를 말 풍선 모양으로 오립니다.

6 포장지로 만든 메시지 조각을 말 풍선에 붙여, 카드의 오른쪽 윗부분에 붙입니다.

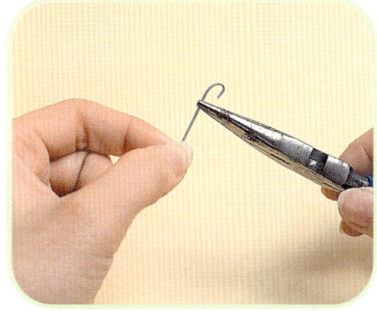

7 펜치를 사용하여 철사를 옷걸이 모양으로 구부립니다.

8 입지 않는 청바지를 잘라 사다리꼴 형태의 청치마를 만듭니다.

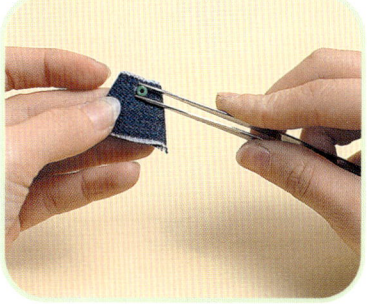

9 핀셋으로 구슬을 청치마에 붙여 장식합니다.

10 옷걸이 모양의 철사를 청치마에 끼워 고정시킵니다.

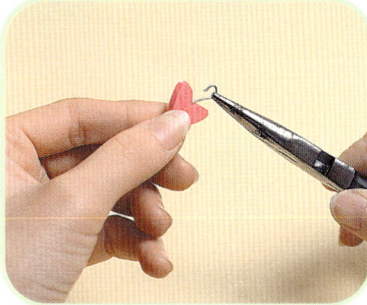

11 구부려 만든 철사를 하트 모양 EVA 폼지에 꽂습니다.

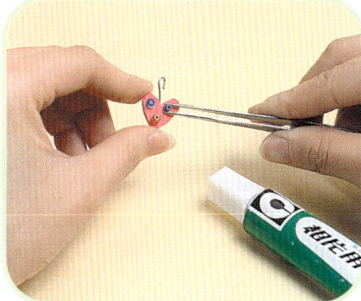

12 EVA 폼지 위에 원하는 문구를 붙이거나 구슬로 예쁘게 장식합니다.

13 마지막으로 만들어 놓은 장식물을 빨래 널듯이 자수실에 겁니다.

세 가지 소원

첫 번째 소원은 우리의 미래가 별빛보다
눈부시게 빛나기를, 두 번째 소원은 그 동안
배운 것을 잘 활용할 수 있기를 바라는 것이고,
마지막 세 번째 소원은 뭔지 아니?
그건 바로, 우리의 우정이 영원히 변치 않기를
바라는 거야!

준비물
오렌지 색 머메이드지,
라인 테이프, 포장지,
문자 스티커

만드는 방법

1 오렌지 색 머메이드지를 직사각형 모양으로 자릅니다.

2 카드의 정면에 마음대로 펼칠 수 있는 문 세 개를 만듭니다.

3 포장지를 길게 잘라 별을 만들 준비를 하되, 우선 매듭을 짓습니다.

4 포장지를 오각형 모양으로 여러 번 접고, 끝부분을 안쪽으로 끼워 넣습니다.

5 손톱으로 종이를 꾹꾹 눌러 입체감 있는 별을 만듭니다.

6 만들어 놓은 별 모형을 세 개의 문 위에 글루건으로 붙입니다.

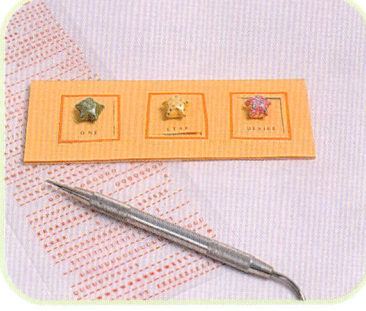
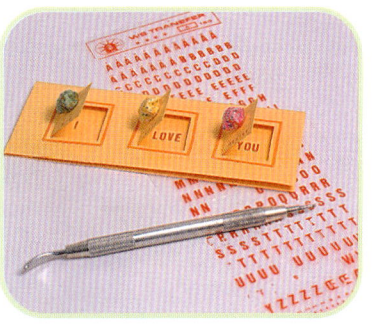

7 라인 테이프로 문의 테두리를 예쁘게 장식합니다.

8 문의 아랫부분에 원하는 문구를 붙입니다.

9 카드의 속지에도 8번과 같이 원하는 문구를 붙이면, 멋진 카드가 완성됩니다.

사랑의 보석 상자

입체감이 돋보이는 하트 모양의 보석 상자를 만들어 봅시다. 그리고 그 안에 소중한 자신의 마음을 가득 담아보세요.
일반적인 카드와 뭔가 색다르게 느껴지지 않나요?
그런 다음, 우리 함께 색색의 구슬이 담겨져 있는 보석 상자를 살짝 흔들어 보아요!

준비물
하드보드지, 우드락, 여러 가지 종류의 구슬, 문자 스티커

만드는 방법

1 분홍색의 하드보드지로 속이 빈 하트 모형을 만듭니다.

2 투명한 셀로판지를 하드보드지와 비슷하게 오립니다.

3 분홍색 하드보드지와 셀로판지를 서로 겹쳐지도록 붙입니다.

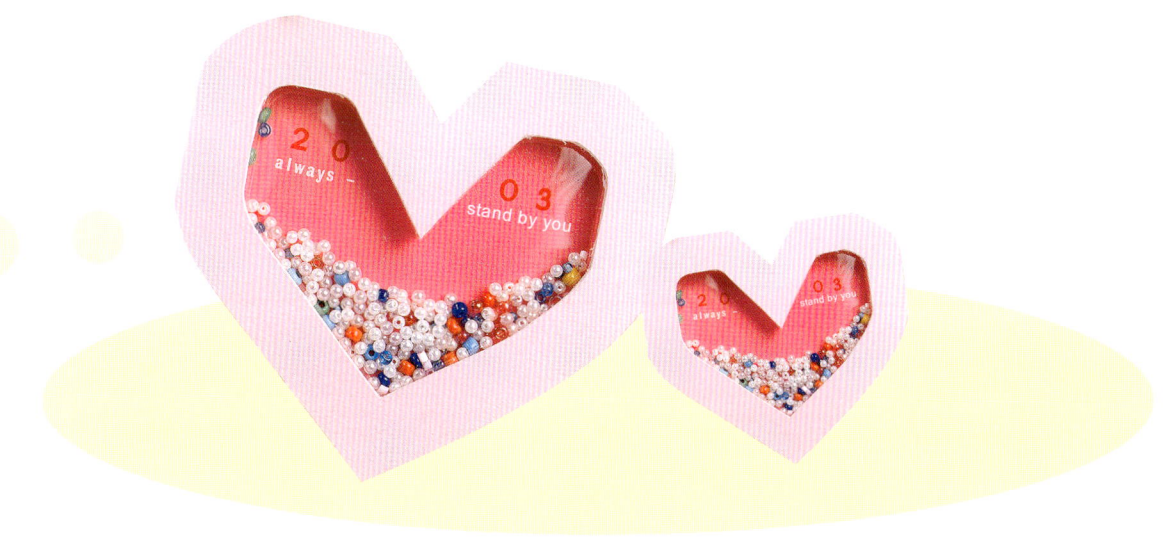

4 우드락으로 같은 크기의 하트 모형을 만듭니다.

5 우드락과 하드보드지를 다시 겹쳐지게 붙여 고정합니다.

6 분홍색 우드락을 준비하고 그것으로 카드의 받침 종이를 만듭니다.

7 하트 모양의 카드 받침 종이에 원하는 문구와 년도를 붙입니다.

8 속이 빈 하트 카드 안에 여러 가지 종류의 구슬을 적당히 넣습니다.

9 카드 받침 종이를 다시 하트 카드의 틀 위에 붙입니다.

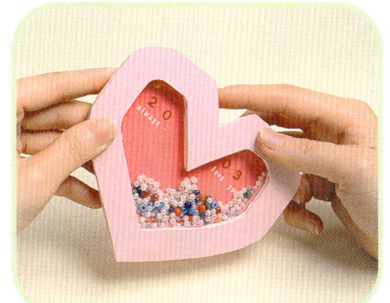

10 마지막으로 손으로 꼭꼭 눌러 단단하게 고정시키면 완성됩니다.

청바지 속에 담긴 사랑

입지 않는 오래된 청으로 된 옷으로
자신의 사랑을 표현해 봅시다.
아주 참신하고 특별하겠죠?
만드는 방법은 매우 간단합니다.
자~ 우리 함께 지금부터 만들어 봐요!

준비물
청으로 된 옷감, 조각 천,
부직포, 우드락, 철사,
문자 스티커,
머메이드지

만드는 방법

1 청바지나 청으로 된 옷감을 준비합니다.

2 청으로 된 옷감을 하트 모양과 바지 주머니 모양으로 각각 오립니다.

3 흰색 실로 주머니를 하트 위에 꿰매고, 하트의 테두리도 같은 방식으로 장식합니다.

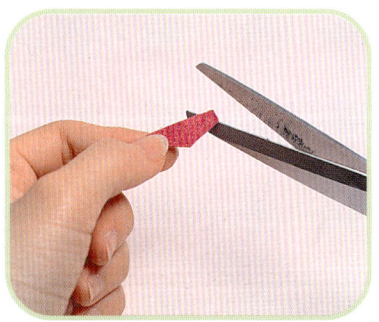

4 복숭아 색 부직포를 상표 모양으로 오립니다.

5 복숭아 색 상표를 청바지 뒷부분에 붙입니다.

6 완성된 하트를 분홍색 카드 위에 붙입니다.

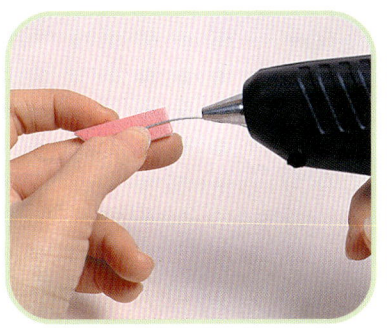

7 우드락을 작게 자른 다음, 그 뒷면에 철사를 붙입니다.

8 우드락 위에 여러 가지 색 글자로 원하는 문구를 붙입니다.

9 카드와 하트 사이에 철사를 끼운 다음, 단단하게 고정시킵니다.

10 조각 천을 바지 주머니 안에 끼워 장식하면, 예쁜 나만의 카드가 완성됩니다.

선생님, 감사합니다!

지금까지 저희들을 가르치고 아껴주셔서 정말로 감사드립니다. 앞으로 살아가면서 선생님의 가르침대로, 쉽게 좌절하거나 포기하지 않고 열심히 생활하겠습니다.
선생님! 꼭 지켜봐 주세요~
실망시켜 드리지 않을게요!

준비물
골판지, 머메이드지, 알루미늄 선, 가는 철사, 우드락, 문자 스티커

만드는 방법

1 사각형 모양으로 자른 골판지와 머메이드지를 준비합니다.

2 연두색의 골판지에 정사각형의 구멍을 냅니다.

3 머메이드지 위에 골판지의 한쪽부분만 단단하게 붙여 고정시킵니다.

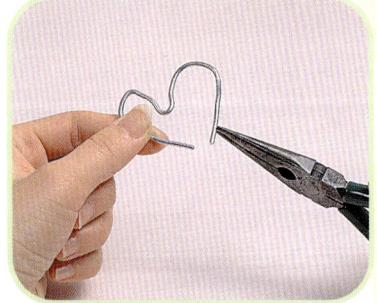

4 펜치로 알루미늄 선을 하트 모형으로 구부립니다.

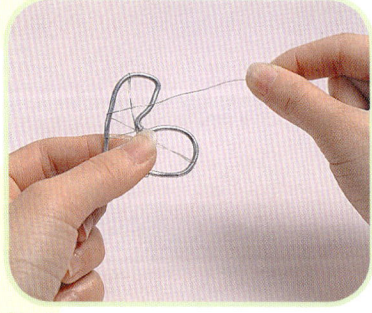

5 가는 철사로 하트 모형을 둘둘 감습니다.

6 글루건으로 하트 모형을 카드에 붙입니다.

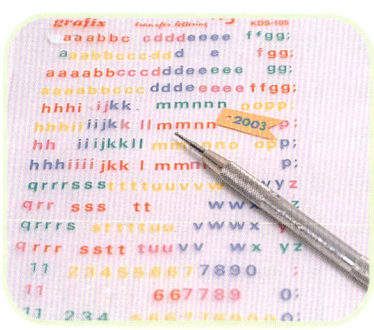

7 노란색 머메이드지 위에 작은 구멍을 내고, 원하는 문구를 붙입니다.

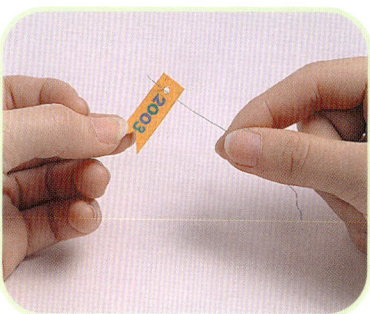

8 가는 철사를 구멍 안에 끼워 넣어 매달기 쉽게 꾸밉니다.

9 노란색 머메이드지를 하트 모형 사이에 걸어 고정시킵니다.

10 작게 자른 우드락에 원하는 문구를 붙입니다.

11 완성된 우드락 조각을 카드 아랫부분에 붙입니다.

12 마지막으로 골판지의 다른 쪽 부분을 아치형으로 만들어 붙입니다.

너 하나만을 위해서

저의 몸과 마음은 항상 당신과 함께했습니다. 누가 보더라도 알 수 있는 내 마음, 오직 당신만이 모르는군요. 혹시 모르는 척 하고 있는 것은 아니겠죠?

준비물
나무 토막, 눈알, 갈색 알루미늄 선, 머메이드지, 산호석, 은색 펜

만드는 방법

1 나무 토막으로 소의 머리 부분을 만들고, 눈알을 붙입니다.

2 완성된 소의 머리 부분을 카드의 적당한 위치에 고정시킵니다.

3 알루미늄 선을 구부려 소의 몸통과 4개의 다리를 만들어 붙입니다.

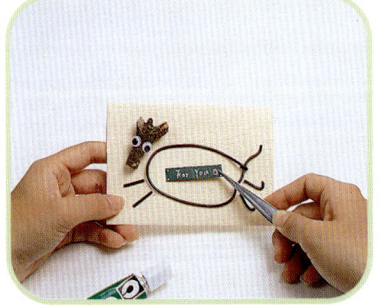

4 'FOR YOU' 라는 문구를 적은 작은 종이 조각을 소의 몸통 안에 붙입니다.

5 마지막으로 카드 봉투에 산호석을 붙여, 열고 닫기 쉽도록 합니다.

네가 보고 싶은 날

준비물
세 가지 색을 꼬아 놓은 종이끈, 알루미늄 선, 눈 알, 머메이드지, 문자 스티커

네가 너무 보고 싶어서 하루 종일
아무 일도 할 수 없었어.
네가 너무 보고 싶어, 시공을 초월
하여 시간조차도 잊어 버렸어.
네가 너무 보고 싶어,
소중한 나의 벗이여!

만드는 방법

1 세 가지 색을 꼬아 놓은 종이끈으로 카드에 사람의 머리 모양을 만들어 붙입니다.

2 수세미를 작게 잘라, 소녀의 머리카락을 만듭니다.

3 눈알과 알루미늄 선을 구부려 만든 입술을 알맞은 위치에 붙입니다.

4 말 풍선 종이에 원하는 문구를 적고, 장식 합니다.

5 마지막으로 완성된 말 풍선 조각을 적당한 위치에 붙이면 완성됩니다.

맑은 하늘 같은 사랑

너무 과장되게 꾸며진 말보다는, 소박하지만 단 한 장의 안부 카드가 훨씬 더 내 마음을, 내 사랑을, 더 많이 나타내 주는 것 같아요! 어때요? 예쁜 우리의 사랑이 느껴지나요?

준비물
파란색 골판지, 우드락,
호두, 문자 스티커,
자수실, 포장지

만드는 방법

1 파란색 골판지 위에 두 개의 직사각형 구멍을 냅니다.

2 여러 가지 색깔의 우드락을 길게 토막 내어 놓습니다.

3 골판지 뒷면의 가장자리 부분에 준비해 놓은 우드락을 붙여 입체감이 나도록 합니다.

4 파란색 머메이드지를 카드 밑에 붙여 받침 종이가 되도록 합니다.

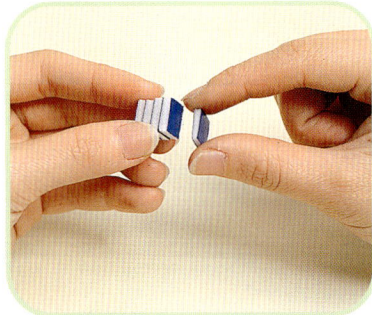

5 우드락을 사각형 모양으로 여러 겹 잘라 붙입니다.

6 만들어 놓은 우드락 토막 위에 여러 가지 색 영문자를 붙입니다.

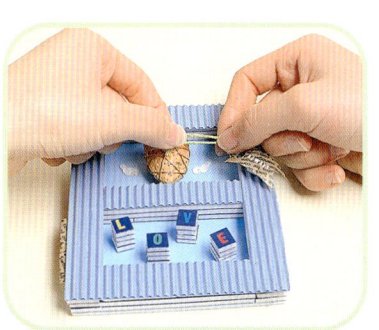

7 문자 스티커로 장식한 우드락을 골판지 아랫부분에 붙입니다.

8 포장지를 상표(라벨) 모양으로 자른 다음, 펀치로 구멍을 냅니다.

9 구멍 안으로 자수 실을 끼워 넣고, 알루미늄 선으로 장식한 호두를 카드에 붙입니다.

자유롭게 날아가고파

구름에 날개를 달아 어떠한 구속도 고민도 없는 자유로운 마음을 나타내 봅시다.
마치 당신을 향한 내 마음처럼 말이지요.

준비물
머메이드지, 알루미늄 선,
우드락, 부직포,
문자 스티커, 자수실,
똑딱단추

만드는 방법

1. 노란색 골판지를 구름 모양으로 자릅니다.

2. 알루미늄 선을 구부려 골판지 구름 모형과 비슷하게 만듭니다.

3. 글루건으로 골판지와 알루미늄 선을 겹치게 붙입니다.

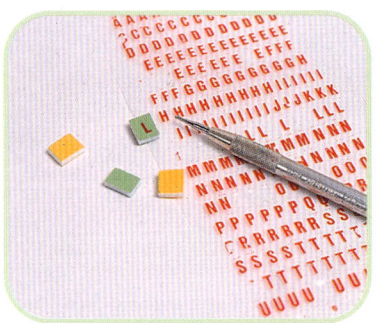

4. 노란색과 연두색 우드락 조각에 원하는 글자를 붙입니다.

5. 글자 조각들을 하나씩 카드에 붙입니다.

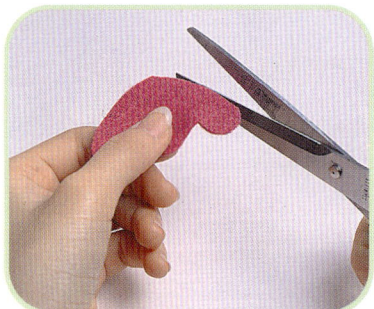

6. 부직포로 날개 모형 한 쌍을 오려서 만듭니다.

7. 자수실과 바늘로 부직포를 꿰매어 장식합니다.

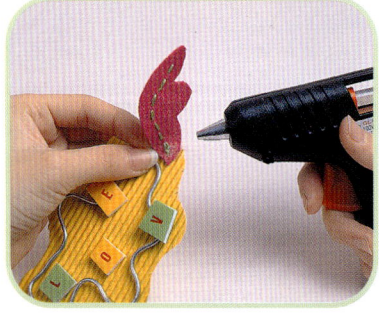

8. 글루건으로 날개 모형을 골판지의 양쪽에 붙입니다.

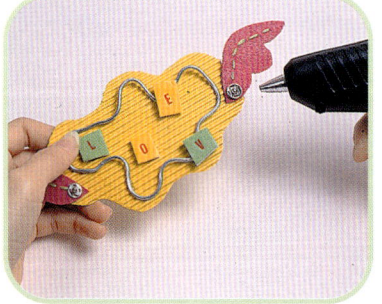

9. 마지막으로 날개 위에 똑딱단추를 붙여 장식하면 완성됩니다.

사랑의 색칠 공부

마음이 복잡하거나 우울할 때가 있나요? 그러면 마음속에 알록달록한 구슬을 끼워 보세요. 알록달록한 구슬로 색이 입혀진 마음은 당신의 생활에 생기와 활력을 줄 수 있을 거예요.

준비물
특수 골판지, 구슬, 철사, 우드락, 문자 스티커

만드는 방법

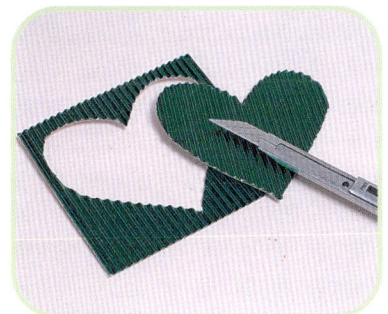

1 녹색의 반짝거리는 골판지를 하트 모양으로 오립니다.

2 핀셋을 사용하여 가는 철사에 작은 구슬을 끼웁니다.

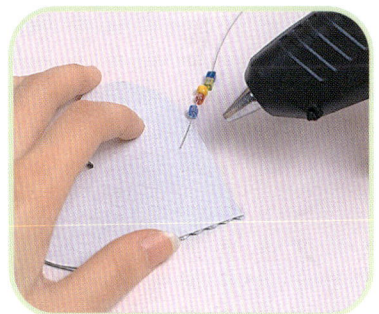

3 구슬이 끼워진 철사의 끝을 글루건으로 골판지 뒷부분에 고정시킵니다.

4 카드를 정면으로 뒤집어 철사의 다른 쪽 끝을 고정시킵니다.

5 분홍색 우드락에 원하는 문구를 붙입니다.

6 글루건을 사용하여 우드락 조각을 골판지 중앙에 붙이면 완성됩니다.

Part 5
하트 모형
활용하기

서로의 마음을 소중하게

나의 마음을 예쁘게 장식하여 당신에게로 날려 보냅니다. 우리 서로의 마음을 예쁘게 간직해요!

준비물
종이끈, 한지, 스티커
하트 모양 스티로폼,
머메이드지, 문자 스티커

만드는 방법

1 진노란색 머메이드지를 반으로 접습니다.

2 하트를 포장할 종이끈을 자릅니다.

3 종이끈을 넓게 폅니다.

4 펼친 종이끈을 포장하기 편하게 자릅니다.

5 두 가지 색 종이끈으로 하트를 포장하여 고정시킵니다.

6 카드에 여러 가지 색 문자 스티커로 원하는 문구를 붙입니다.

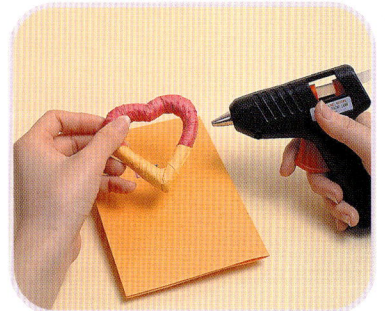

7 글루건으로 포장한 하트를 카드에 고정시킵니다.

8 하트 위에 날개 모양 스티커를 붙입니다.

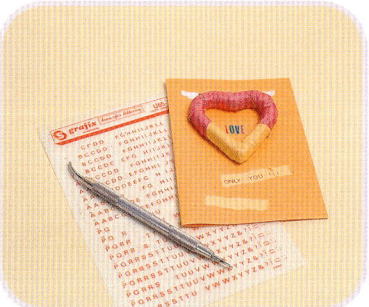

9 한지를 작게 잘라 카드에 붙인 다음, 그 위에 원하는 문구를 붙입니다.

바로 너야

준비물
레이스, 포장지,
붉은색과 분홍색
골판지

나의 영원한 동반자여!
너와 같은 좋은 친구를
보내 주신 것에 대해
하느님께 감사드려!

만드는 방법

1 붉은 색 골판지를 사각형 모양으로 자릅니다.

2 분홍색 골판지로 하트 모형을 만듭니다.

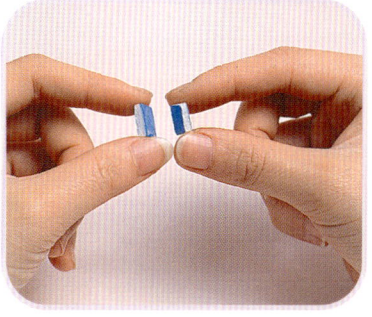

3 두 조각의 우드락을 서로 겹쳐지도록 붙입니다.

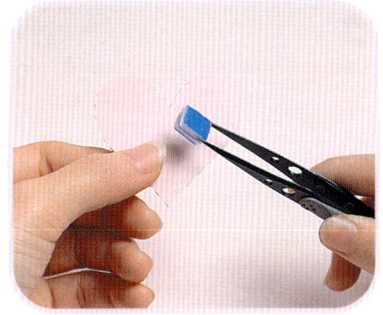

4 두 겹으로 붙인 우드락을 하트 뒷면에 붙이면 높이감과 음영을 줄수 있습니다.

5 하트 모형을 붉은색 카드 중앙에 고정시킵니다.

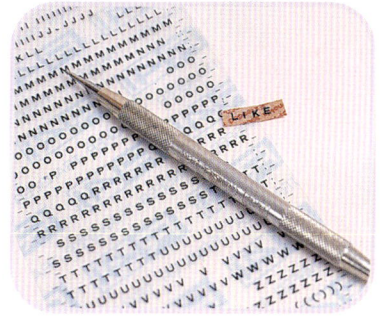

6 포장지 조각 위에 'YES' 라는 글자를 붙입니다.

7 메시지 조각을 분홍 하트 모형에 붙입니다.

8 별을 접을 때 사용하는 종이로 카드의 아랫부분을 장식합니다.

9 하얀 레이스를 글루건으로 카드의 가장자리에 붙이면 카드가 완성됩니다.

선생님! 감사합니다

선생님, 정말 감사드려요. 공부를 가르쳐 주시는 것 뿐만 아니라, 항상 저를 격려해 주시고 아껴주신 선생님의 은혜. 그 사랑을 죽을 때까지 마음속에 간직할게요!

준비물
머메이드지, 하트 모양 스티로폼, 아크릴 물감, 리본, 문자 스티커

만드는 방법

1 반으로 자른 하트 모양 스티로폼의 윤곽선을 따라 테두리를 그리고, 칼로 도려냅니다.

2 분홍색 아크릴 물감을 칠한 하트를 도려낸 부분에 맞추어 카드의 속지에 붙입니다.

3 카드에 여러 가지 색 글자를 원하는 문구를 붙여 예쁘게 꾸밉니다.

4 리본을 나비 모양으로 묶습니다.

5 마지막으로 리본을 카드의 하트 아래에 붙이면 완성됩니다.

비록 우리가 헤어져 있긴 하지만, 잊지말고 가끔 서로의 안부를 묻고, 서로의 소식도 전하자. 이렇게 소중한 우정을 지켜 나가자!

식지 않는 마음

준비물
머메이드지, 길게 자른 포장지, 골판지, 하트 모양 스티로폼, 쿠킹 호일, 문자 스티커

만드는 방법

1 정사각형 모양의 골판지와 반으로 접은 머메이드지를 준비합니다.

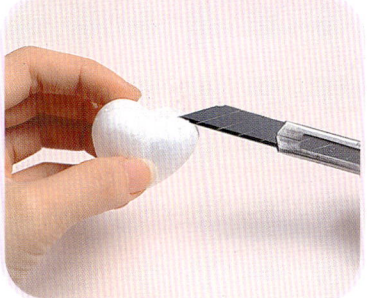

2 하트 모양 스티로폼을 반으로 자릅니다.

3 반으로 자른 하트 모형을 쿠킹 호일로 포장합니다.

4 쿠킹 호일을 감싼 하트를 글루건으로 골판지 중앙에 고정시킵니다.

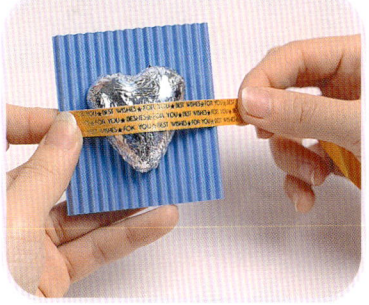

5 별을 접을 때 쓰는 포장지로 골판지 위의 하트를 감싸 붙입니다.

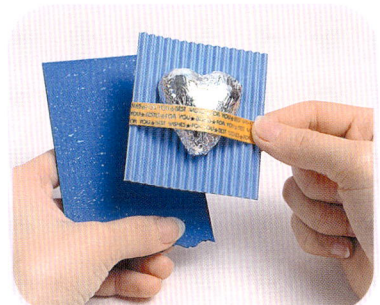

6 골판지를 카드에 붙입니다.

7 핑킹가위로 카드의 아랫부분을 오립니다.

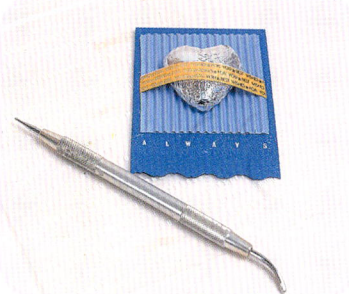

8 마지막으로 카드에 원하는 문구를 붙이면 멋진 카드가 완성됩니다.

내 마음에 날개를 달아

파란 하늘과 뭉게뭉게 피어오르는 구름을 바라보세요.
그 안에 복잡한 일들을 담아 바람이 부는 대로 흘려
보내요. 그러면 단 하나의 진심어린 마음만이 남아
당신의 곁에 항상 있을 거예요.

만드는 방법

1 두꺼운 머메이드지를 직사각형으로 자릅니다.

2 핑킹가위로 두꺼운 머메이드지를 장식합니다.

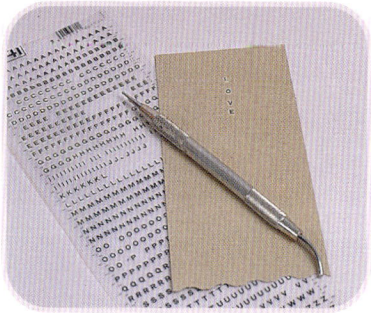

3 카드의 윗부분에 'love' 라는 글자를 붙입니다.

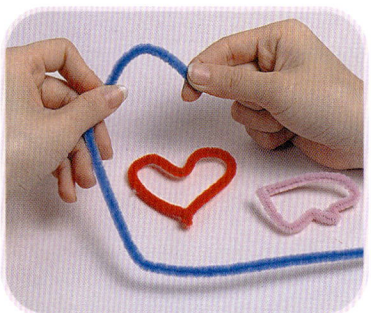

4 빨간색, 분홍색, 파란색 모루를 구부려서 하트와 날개 모양을 만듭니다.

5 만들어 놓은 하트와 날개를 영자 신문 위에 붙입니다.

6 칼로 모루의 테두리 선을 따라 오려냅니다.

7 하트와 날개 모양 모루를 카드 중앙에 붙여, 카드의 주제가 살아나도록 합니다.

8 카드의 윗부분에 펀치로 구멍을 뚫습니다.

9 마지막으로 녹색 풀끈을 구멍 안에 끼워 매듭지으면 멋진 카드가 완성됩니다.

말로는 표현할 수 없어요

많고 많은 사람들 속에서 어떻게 당신을 만나고 알게 되었을까? 아무래도 보이지 않는 인연의 끈이 우리 두 사람을 모르는 사람에서 가까운 친구사이로 만든 것 같아요!

준비물
골판지, 모루, 문자 스티커, 두꺼운 머메이드지

준비물
모루, 잡지, 우드락, 문자 스티커

만드는 방법

1 분홍색 모루를 하트 모양으로 구부리고, 모루가 맞닿는 곳을 단단하게 고정시킵니다.

2 흑백 그림 위에 모루를 고정시키고, 모루의 테두리를 따라 잡지를 잘라낸 다음, 문구를 붙인 우드락 조각을 붙입니다.

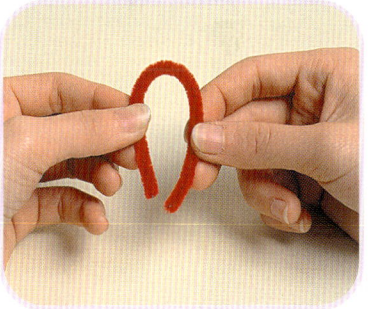

3 붉은색 모루로 'U'자를 거꾸로 뒤집힌 듯한 모양으로 구부립니다.

4 마지막으로 글루건으로 붉은색 모루를 하트 뒤에 붙이면 완성됩니다.

사랑의 블랙홀

아직 잊지 않고 있어요. 하얀 벚꽃이 흩날리던 그 때를요. 여전히 눈물이 흐르지만, 당신과 다시 만날 날을 기다릴게요!

준비물
골판지, 머메이드지,
아크릴 물감, 리본,
비늘에 실 끼우는 도구,
문자 스티커

만드는 방법

1. 분홍색 골판지 위에 하트 모양의 구멍을 냅니다.

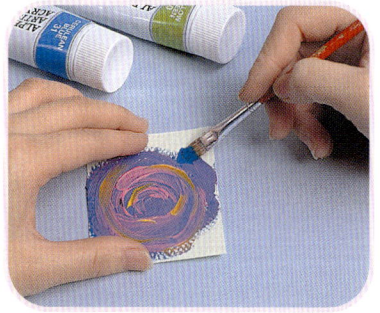

2. 하트보다 조금 큰 종이에 두 가지 색 아크릴 물감을 섞어 소용돌이 모양을 만듭니다.

3. 물감이 다 마르면, 우드락 토막을 하트의 위와 아래 부분에 붙입니다.

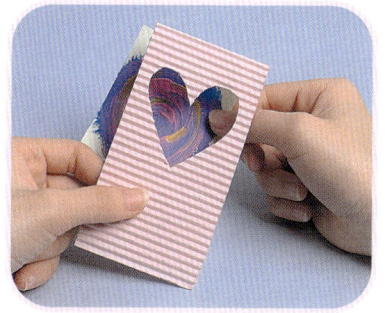

4 물감이 칠해진 종이를 골판지 뒤에 붙입니다.

5 길게 자른 종이 조각에 원하는 문구를 붙입니다.

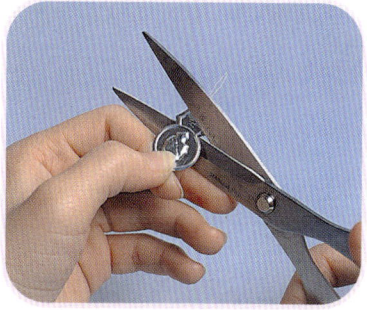

6 실 끼우는 도구의 머리 부분을 가위로 자릅니다.

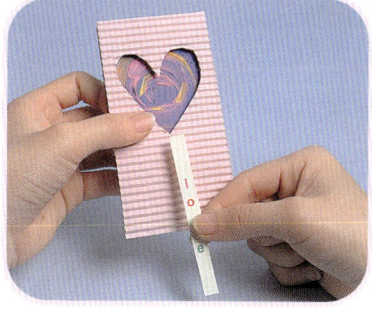

7 문구를 붙인 조각의 윗부분을 하트 모형 아랫부분에 붙입니다.

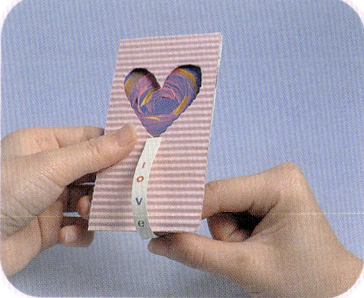

8 나머지 부분을 둥글게 돌려 카드 뒤편에 고정시킵니다.

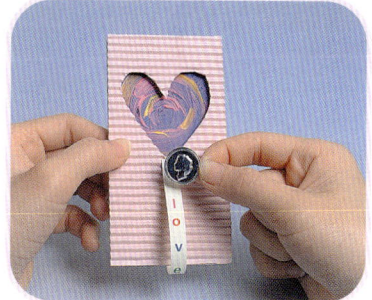

9 잘라놓은 장식물을 하트와 메시지 조각 사이 위에 붙입니다.

10 마지막으로 나비 모양으로 묶은 리본을 붙이면 완성됩니다.

추억의 사진

친구야, 오랜 시간이 지나도록 너에게 하지 못했던 말이 있었어. 너는 나에게 귀한 진주와 같은 존재야! 그래서 가장 깊숙한 곳에 너를 영원히 간직해 두고 싶어.

준비물
우드락, 스펀지 관, 잡지, 문자스티커

만드는 방법

1 분홍색 우드락을 직사각형으로 잘라 준비합니다.

2 칼로 직사각형 모양의 구멍을 냅니다.

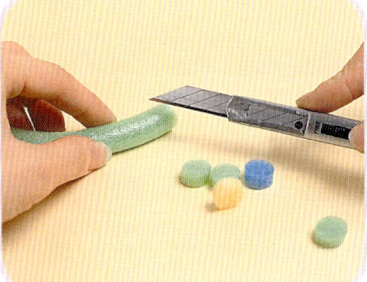

3 색색의 스펀지 관을 잘게 잘라, 작은 원형을 여러 개 만듭니다.

4 잘라놓은 원형 스펀지 관을 우드락에 하나씩 붙입니다.

5 잡지에서 원하는 그림을 찾아 카드 위에 붙이고, 원하는 문구를 붙여 장식합니다.

6 우드락에 난 구멍과 같은 크기로 스펀지 관을 길게 자른 다음, 그 위에 문자 스티커를 붙입니다.

7 마지막으로 구멍 안에 스펀지 관으로 만든 메시지 조각을 끼우면 완성입니다.

우정의 만물 상자

지금까지 작은 상자 안에 나의 슬픔과 행복을
차곡차곡 모아 두었어. 왜냐구?
너와 함께 꺼내 볼 그날을 위해서야~
정말 기대되지 않니?

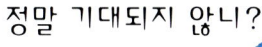

준비물
우드락, 스펀지 관,
철사, 조형 스티커,
문자 스티커

만드는 방법

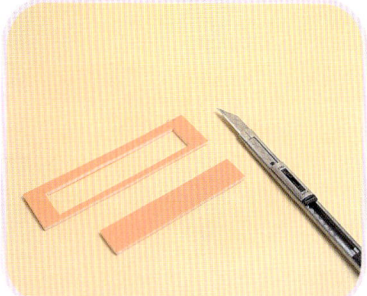

1 오렌지 색 우드락으로 속이 비어있는 직사각형을 만듭니다.

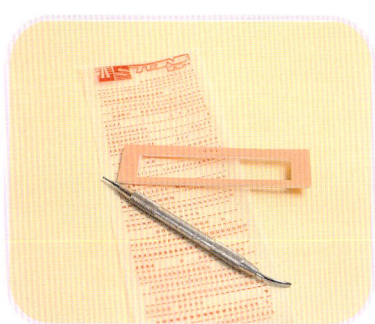

2 우드락 위에 문자 스티커로 'LOVE'라는 글자를 붙입니다.

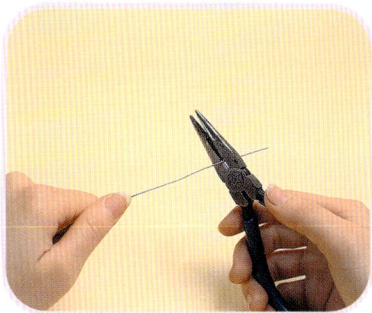

3 펜치로 철사를 잘라 준비합니다.

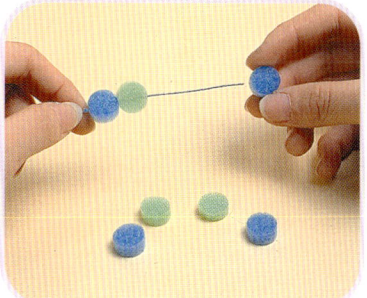

4 여러 가지 색의 속이 찬 스펀지 관 조각을 철사에 끼워 넣습니다.

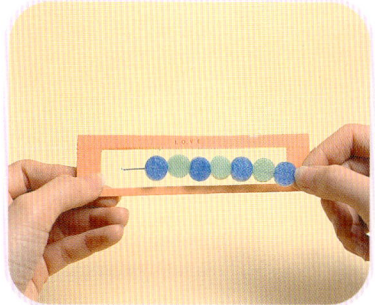

5 스펀지 관이 끼워진 철사를 우드락 안에 꽂습니다.

6 스펀지 관 위에 하트 모양 스티커를 붙입니다.

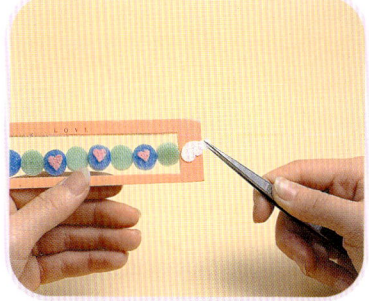

7 마지막으로 우드락의 양끝 부분에 날개 모양 스티커를 붙이면 완성됩니다.

소중한 이별 인사

헤어질때 미소를 지으며 내게 손을 흔들던 너희들의 모습을 나는 아직도 생생히 기억하고 있어. 이런 너희들의 모습이 언제나 나와 함께 하며 나에게 많은 힘과 위안을 주었어~

준비물
우드락, 영문 단추, 핀, 라인 테이프, 문자 스티커, 하트와 날개 모양 스티커

만드는 방법

1 분홍색 우드락에 칼로 직사각형의 구멍을 냅니다.

2 그 구멍 안에 긴 핀을 여러 개 꽂습니다.

3 영문자가 새겨진 구슬을 핀의 한쪽 부분에 끼워 넣습니다.

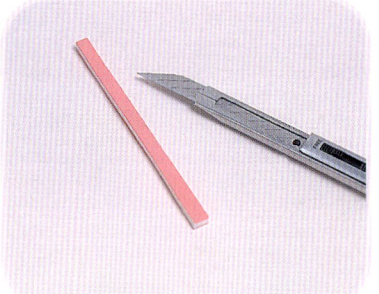

4 우드락을 길게 잘라 준비합니다.

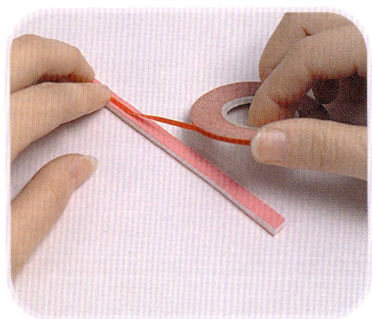

5 그 위에 붉은색 라인 테이프를 붙여 장식합니다.

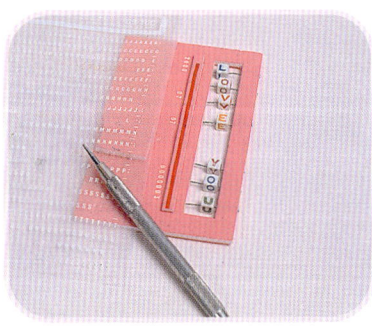

6 카드에 원하는 문구를 붙입니다.

7 마지막으로 하트와 날개 모양의 스티커를 붙이면 완성됩니다.

내 마음 속에너

너와 같은 반이 된 그날부터, 너에 대한 나의 관심과 사랑은 점점 커져가고 있어. 이런 우리의 우정. 절대로 변하지 않겠지? 내 마음 속에서 넌 가장 좋은 친구야!

준비물
머메이드지, 에어캡, 바늘에 실 끼우는 도구, 리본, 문자 스티커

만드는 방법

1 노란색 머메이드지와 에어캡을 각각 준비합니다.

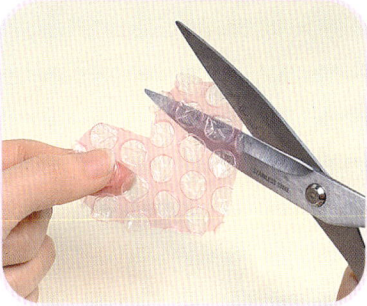

2 에어캡을 하트 모양으로 오립니다.

3 바늘에 실 끼우는 도구를 에어캡 뒷부분에 붙입니다.

4 노란색 머메이드지 아랫부분을 핑킹가위로 오려 장식하고 원하는 문구를 붙입니다.

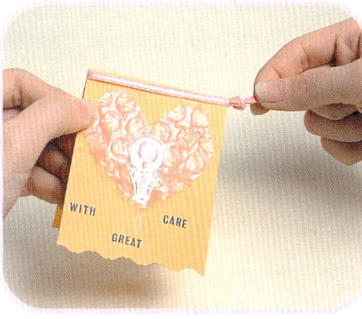

5 카드의 윗부분을 리본으로 묶어 카드를 장식합니다.

사랑의 메시지를 보내요

둥글게 말아놓은 색색의 스펀지 속에 당신에 대한 그리움을 담았어요. 그리고 공기 중에 사랑의 기운을 담아 당신에게 보냅니다.

준비물
스펀지 관, 잡지, 셀로판 종이, 문자 스티커

만드는 방법

1 정사각형의 오렌지 색 머메이드지와 원하는 그림을 준비합니다.

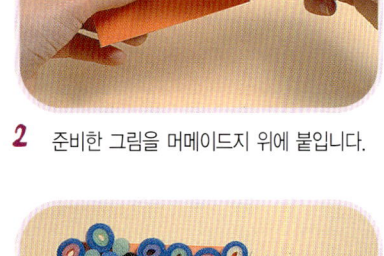

2 준비한 그림을 머메이드지 위에 붙입니다.

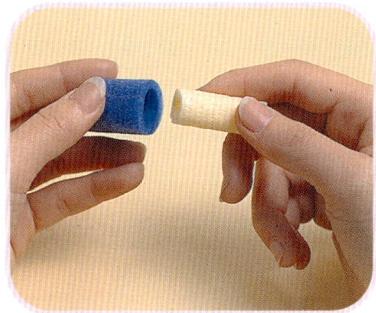

3 크고 작은 스티로폼 관을 각각 자른 다음, 작은 것을 큰 것 안에 끼워 넣습니다.

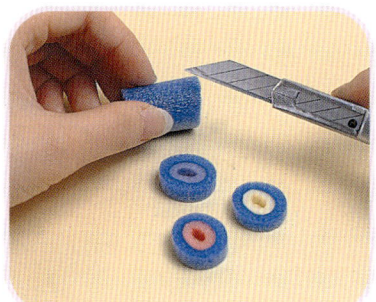

4 칼로 스티로폼 관을 작게 자릅니다.

5 스펀지 관 조각을 카드 위에 붙입니다.

6 길게 자른 셀로판 종이에 영문자 스티커를 붙입니다.

7 파란색 셀로판 종이를 카드 위에 붙이면 완성입니다.

투명하게 반짝거리는 비누거품들을 보면,
아무런 근심걱정 없었던 어린 시절의 추억이
떠오르곤 합니다. 잠깐 하던 일을 멈추고,
긴장을 풀어 보세요.
그리고 가장 순수했던 동심의 세계로 우리
함께 빠져들어 보는 거예요.

환상적인 비누거품

준비물
머메이드지, 골판지,
우드락, 녹두,
문자 스티커

만드는 방법

1 직사각형의 자주색 머메이드지를 서로 마주보게 반으로 접습니다.

2 2 ~ 4개의 스펀지 관을 얇게 자릅니다.

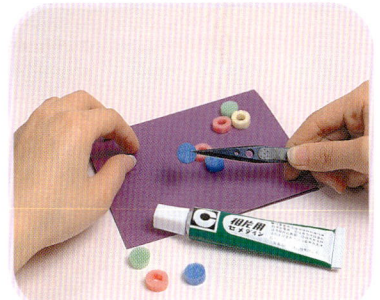

3 얇게 자른 스펀지 관을 카드 위에 한 개씩 붙입니다.

4 마지막으로 적당한 위치에 원하는 문구를 붙이면 완성됩니다.

카드 속의 기발한 아이디어

냅킨에 그려진 귀여운 그림으로 예쁜 카드를 만들어 보아요. 색이 예쁠 뿐만 아니라, 특별하고 기발한 아이디어가 반짝이죠. 어때요? 뭔가 다른 사람들 것과는 다르지 않나요?

준비물
냅킨, 골판지, 똑딱단추, 문자 스티커

만드는 방법

1 하트무늬 냅킨과 분홍색 골판지를 준비합니다.

2 냅킨의 하트무늬를 오립니다.

3 오려낸 하트무늬를 골판지에 붙입니다.

4 네 모서리에 똑딱단추를 붙여 장식합니다.

5 냅킨 가운데에 원하는 문구를 붙입니다.

6 카드 뒷면 위쪽에 글루건으로 모루를 붙여 걸수 있도록 고리를 만듭니다.

아름다운 우정의 카드

시장에서 흔히 구입할 수 있는 냅킨 역시 카드 만들기의 좋은 재료가 됩니다. 짧은 시간동안 만들어, 큰 효과를 낼 수 있고, 게다가 정성어린 마음 또한 가득 담을 수 있습니다.

준비물

두꺼운 머메이드지,
냅킨, 자수실, 부직포,
영자 신문

만드는 방법

1 냅킨과 두꺼운 머메이드지를 붙인 다음, 자수실로 가장자리 부분을 장식합니다.

2 부직포로 만든 하트 모형을 냅킨 위에 붙입니다.

3 영자 신문을 손으로 길게 찢어 놓습니다.

4 끝으로 영자 신문 조각을 카드의 적당한 위치에 붙이면, 멋진 카드가 완성됩니다.

부담 없는 사랑

눈부신 화려함보다는 자연스럽고 편안한 사랑이 좋습니다.
작지만 정성스런 마음이 가득 담긴 사랑은 그 무엇보다도 아름답습니다.

준비물
방수 처리된 포장지,
머메이드지, 영자 신문,
녹두, 알루미늄 조각,
풀끈, 아크릴 물감

만드는 방법

1 정사각형 모양의 방수 처리된 포장지를 준비합니다.

2 손으로 영자 신문을 방수 처리된 포장지보다 조금 작게 찢습니다.

3 방수 처리된 포장지에 영자 신문 조각을 겹치게 붙입니다.

4 알루미늄 조각을 원형으로 자릅니다.
(손을 다치지 않도록 조심해야 합니다)

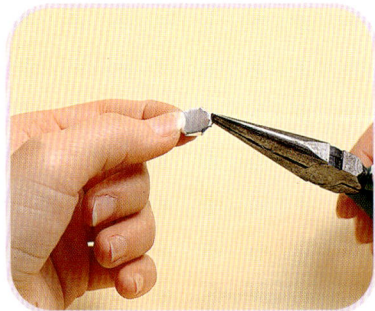

5 펜치를 사용하여 알루미늄 조각의 가장자리를 안쪽으로 구부려 입체적으로 만듭니다.

6 구부려 놓은 4개의 알루미늄 조각을 카드의 네 모서리에 고정시킵니다.

7 카드의 위와 아래 부분에 녹두를 한 줄씩 붙여 장식합니다.

8 풀끈을 매듭지어 고리를 만들고, 그것을 다시 카드의 뒷부분에 붙입니다.

9 옅은 녹색 머메이드지를 하트 모양으로 오립니다.

10 입체감을 더해 주기 위해, 펜치로 하트의 가장자리를 안쪽으로 구부립니다.

11 철 펜으로 눌러 하트의 테두리에 볼록하게 입체감을 더해줍니다.

12 파란색 아크릴 물감으로 'LOVE' 글자를 하트 위에 적고 카드에 붙이면 완성됩니다.

시간의 흐름

가볍고 자연스러운 느낌의 그림은 싱그러운 젊음과 솔직담백한 우리들의 마음을 산뜻하고 아름다운 색채로 나타내는 것 같습니다.

준비물
우드락, 잡지,
여러 가지 색 셀로판지,
조형 스티커

만드는 방법

1 셀로판지를 쉽게 끼워 넣을 수 있도록 우드락의 위 아래에 철필로 칼집을 냅니다.

2 잡지에서 마음에 드는 그림을 오려서, 우드락의 알맞은 위치에 붙입니다.

3 그림과 같은 크기의 셀로판지를 잘라 우드락의 아랫부분에 끼워 고정시킵니다.

4 여러 가지 색 문자 스티커로 원하는 문구를 셀로판지에 붙입니다.

5 포인트를 주기 위해 입술 모양의 스티커를 카드 아랫부분에 붙입니다.

우정 만세

우리가 아무리 멀리 떨어져 있다 해도 우리 사이에는 소중한 마음을 전하는 편지가 있기 때문에 영원할 수 있을 거야!

준비물
머메이드지, 방수 처리된 포장지, 삼노끈, 문자 스티커

만드는 방법

1 방수 처리된 포장지와 그것보다 조금 크게 자른 머메이드지를 각각 준비합니다.

2 칼로 포장지의 모서리 부분에 삼각형의 두 면만 칼집을 냅니다.

3 방금 칼집을 낸 모서리 부분을 뒤집어 글루건으로 고정시킵니다.

4 포장지의 뒷면 윗부분에 양면 테이프를 붙입니다.

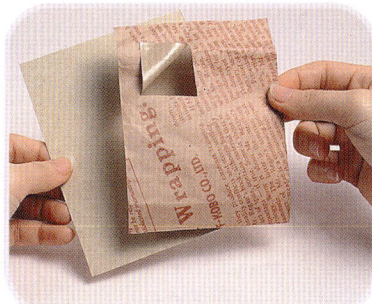

5 머메이드지 위에 포장지를 붙여 받침 종이가 되도록 합니다.

6 포장지의 벌어진 곳 안쪽에 여러 가지 색 문자 스티커를 붙입니다.

7 삼노끈을 적당한 길이로 잘라 카드의 아랫부분에 감습니다.

8 마지막으로 그림과 같이 매듭을 지으면 멋진 카드가 완성됩니다.

스승의 은혜에 감사드려요

지금까지 제가 올바르게 생활 할 수 있던
것은 부모님의 가르침과 사랑뿐만 아니라,
선생님의 관심어린 사랑과 따끔한 충고가
있었기에 가능한 일이였습니다.
선생님의 커다란 은혜에 감사드립니다.

준비물
우드락, 골판지,
사탕 포장지, 셀로판지,
가는 철사, 잡지
문자 스티커

만드는 방법

1 비슷한 크기의 파란색 우드락과 흰색 골판지를 준비합니다.

2 우드락 위에 골판지를 붙입니다.

3 칼로 골판지의 양끝에 작은 칼집을 냅니다.

4 붉은색의 셀로판지를 필요한 크기만큼 자릅니다.

5 잡지에서 영문자 'E'를 찾아 오립니다.

6 먹고 남은 사탕 포장지를 하트 모양으로 찢습니다.

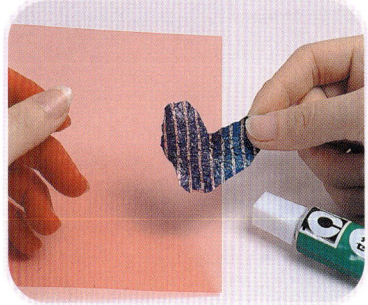

7 하트 모양 사탕 포장지를 셀로판지의 뒷부분에 붙입니다.

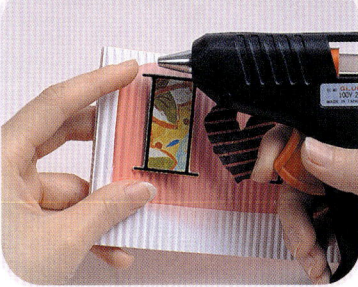

8 글루건으로 셀로판 종이를 골판지 위에 고정시킵니다.

9 붉은색 셀로판지에 원하는 문구를 붙입니다.

10 가는 철사로 골판지를 둘둘 감아 고정시키면 예쁜 카드가 완성됩니다.

아름다운 사랑의 진실

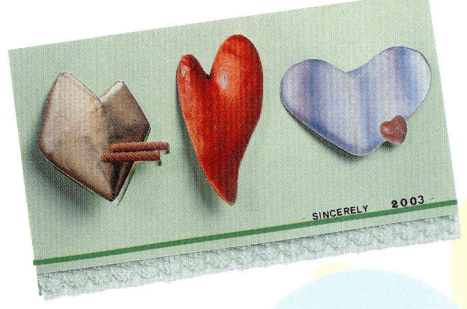

세상이 완전히 변한다 해도, 난 믿어요.
당신과 나의 사랑은 영원히 변하지 않을
것이라고요!

준비물
잡지, 라인 테이프, 문자 스티커, 레이스, 머메이드지

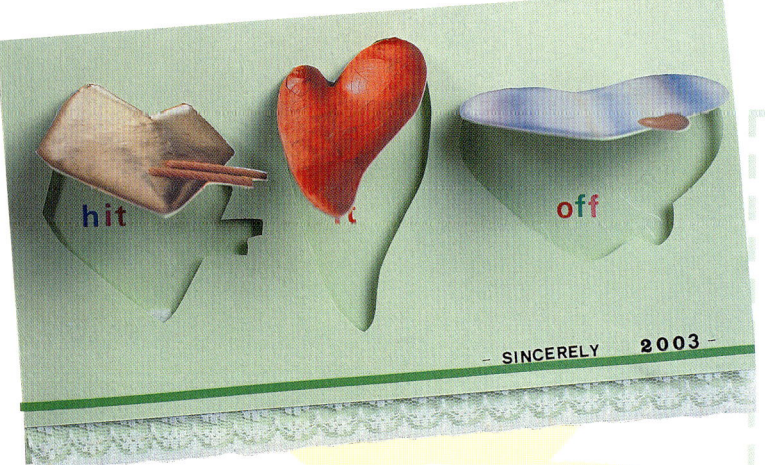

만드는 방법

1 직사각형의 녹색 머메이드지를 서로 마주 보게 반으로 접습니다.

2 잡지 속에서 마음에 드는 그림을 찾아 오립니다.

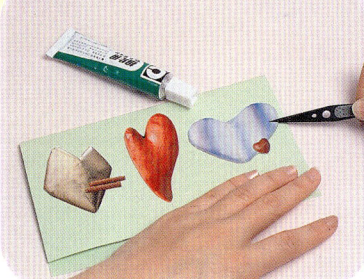

3 오려놓은 그림을 카드 위에 깨끗하게 붙입니다.

4 접히는 부분이 끊어지지 않도록 조심해서 칼로 그림의 테두리를 따라 도려냅니다.

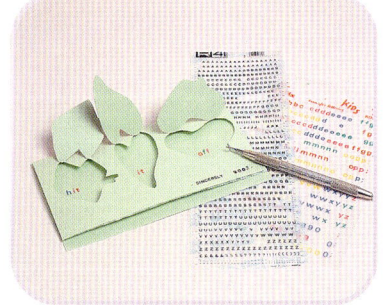

5 그림 안의 빈 공간에 원하는 문구를 붙입니다.

6 카드의 아랫부분에 글루건으로 레이스를 붙입니다.

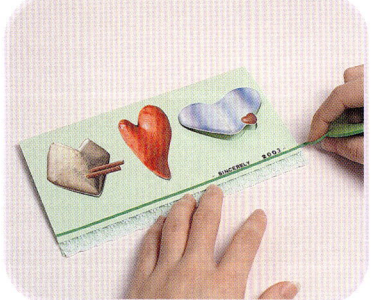

7 알맞은 위치에 녹색 라인 테이프를 붙이고, 그 위에 원하는 문구를 붙입니다.

진실한 마음

특수한 재료를 사용하여 신기하고 새로운 느낌의 카드를 만들어 볼까요? 친근하고 다정한 마음을 담아 멀리 떨어져 오래도록 보지 못했던 친구에게 보내세요. 어때요?
벌써부터 행복해지지 않나요?

준비물

머메이드지, 문자와 그림 스티커, 플라스틱 투명 비닐, 하트 모양 스티로폼, 자수실, 날개 모양 스티커, 라인 테이프

만드는 방법

1 사각형의 노란색 머메이드지에 원하는 그림 스티커를 붙입니다.

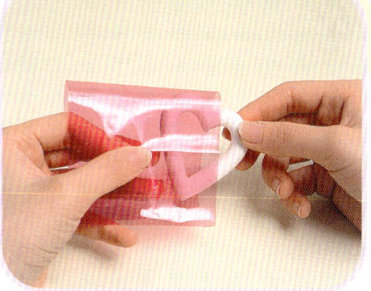

2 하트 모양 스티로폼을 분홍색 투명 비닐 안에 넣은 다음, 가장자리를 꿰맵니다.

3 플라스틱 투명 비닐 위에 원하는 문구를 붙인 다음, 카드에 고정시킵니다.

4 하트의 양쪽에 날개 모양 스티커를 붙입니다.

5 카드 아랫부분에 원하는 문구를 붙이고, 주황색 라인 테이프를 붙여 장식합니다.

Part 6 찍고 그리기

사랑의 참 뜻

낙엽의 자연적인 무늬를 이용하여 여러 가지 물감을 칠해서 아름다운 무늬를 만들 수 있습니다.

준비물
머메이드지, 문자 스티커, 풀끈, 골판지

만드는 방법

1 낙엽의 뒷면에 매직을 골고루 칠합니다.

2 낙엽을 머메이드지 위에 찍습니다.

3 무늬가 찍힌 머메이드지를 골판지 위에 붙입니다.

4 골판지의 왼쪽 윗부분에 구멍을 뚫습니다.

5 구멍에 풀 끈을 묶습니다.

6 낙엽무늬를 따라 원하는 문구를 붙이면 완성됩니다.

사랑의 기록

스펀지 관이 스탬프 기법에서 좋은 재료가 될 줄은 생각지도 못했을 것입니다!
자~ 한번 해보세요!

준비물
머메이드지, 문자 스티커, 스펀지 관

만드는 방법

1 굵기가 다른 스펀지 관 두 개를 준비하여 작게 자릅니다.

2 매직으로 큰 스펀지 관을 색칠합니다.

3 카드 위에 색을 바꿔가며 여러 번 찍습니다.

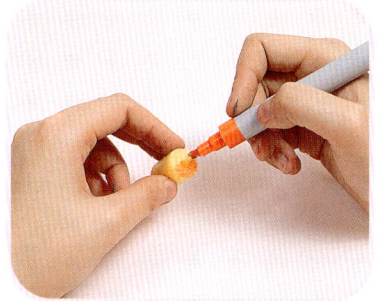

4 매직으로 작은 스펀지 관을 색칠합니다.

5 큰 스펀지 관으로 찍은 무늬 안에 작은 것을 찍어 두 가지 색이 어우러지게 합니다.

6 마지막으로 카드 중앙의 무늬 주위에 원하는 문구를 붙이면 완성됩니다.

MY DAD

여러분, 본드로 스티로폼을 녹일 수 있다는 것을 아십니까? 빨리 실험해 보세요! 의외의 수확을 얻을 수 있을 것입니다!

준비물
물감, 머메이드지, 스티로폼, 문자 스티커

만드는 방법

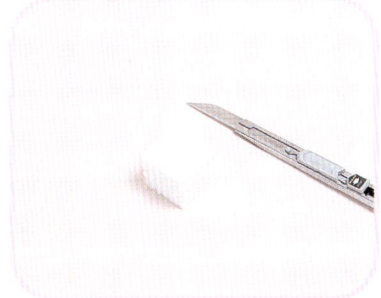

1 2cm 평방의 스티로폼을 준비합니다.

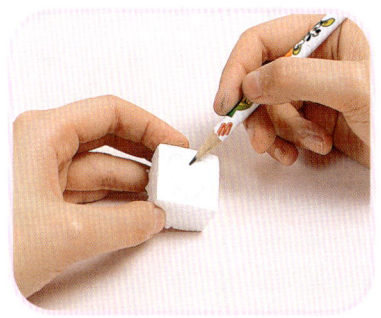

2 스티로폼 위에 연필로 하트 모양을 그립니다.

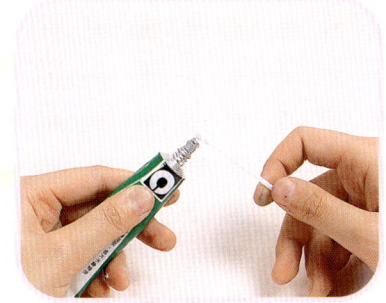

3 면봉에 본드를 묻힙니다.(본드는 스티로폼을 녹이는 작용을 합니다.)

4 스티로폼에 그려진 하트 주위에 본드를 묻혀 스티로폼을 녹입니다.

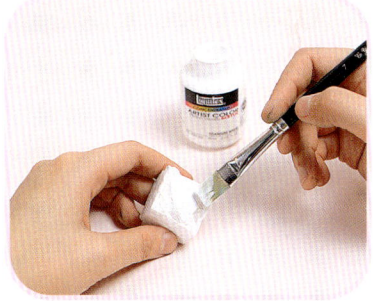

5 흰색 물감으로 하트 모양을 칠합니다.

6 카드를 신문 위에 놓고, 테두리를 따라 하트 모양을 찍습니다.

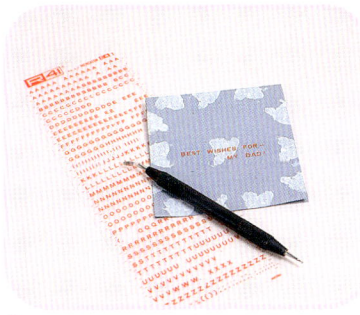

7 카드의 중앙에 원하는 문구를 붙입니다.

8 마지막으로 카드의 접히는 부분에 풀끈을 묶으면 카드가 완성됩니다.

만드는 방법

1 반으로 접은 카드의 윗부분에 구멍을 뚫습니다.

2 구멍에 풀끈을 묶습니다.

3 보라색, 파란색, 녹색 이렇게 세 가지 색 물감을 준비합니다.

4 먼저 엄지손가락에 물감을 묻혀 찍고, 이어서 검지도 같은 방법으로 찍습니다.

5 세 손가락을 모두 찍은 다음, 그 위에 검은 색 사인펜으로 간단한 그림을 그립니다.

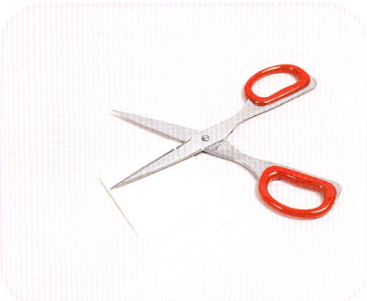

6 머메이드지를 길게 자릅니다.

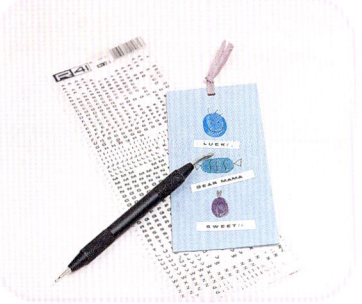

7 길게 자른 종이를 카드에 붙인 다음, 그 위에 원하는 문구를 붙이면 완성됩니다.

골판지의 운치

골판지 자체의 서정적인 분위기와 책에서 느껴지는 분위기에 낙엽무늬가 더해지면 마치 아주 옛날 시대로 돌아간 것 같은 기분이 드네요.

준비물
골판지, 머메이드지, 문자 스티커

만드는 방법

1 골판지의 테두리에 불규칙적으로 여러 개의 구멍을 뚫습니다.

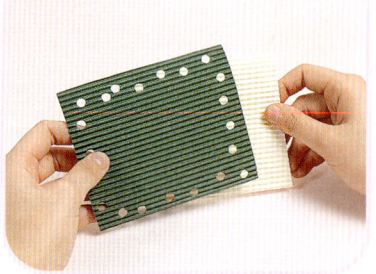

2 구멍이 뚫린 골판지를 새 골판지 위에 붙입니다.

3 낙엽의 뒷면에 매직을 골고루 칠합니다.

4 흰색 머메이드지 위에 낙엽을 찍습니다.

5 골판지 위에 낙엽을 찍은 머메이드지를 붙이고, 원하는 문구를 붙입니다.

두 가지 색 감정

종이끈의 특수한 질감을 활용합니다. 가볍게 물감을 칠해서 카드 전체에 자유롭게 찍어주면 특별한 분위기를 연출할 수 있습니다.

준비물
머메이드지, 종이끈, 물감, 문자 스티커

만드는 방법

1 종이끈을 작게 두 개 정도 자릅니다.

2 녹색과 파란색 물감을 준비합니다.

3 종이끈에 물감을 칠합니다.(너무 많이 칠하지 않도록 합니다.)

4 카드 위에 불규칙적으로 찍습니다.

5 이어서 카드 중앙에 원하는 문구를 붙이면 완성됩니다.

큰 산과 같은 아빠

우리 아빠는 마치 산과 같습니다.
산과 같이 높고, 산과 같이 웅장하고,
산과 같이 위대합니다.

준비물
머메이드지, 문자스티커,
우드락

만드는 방법

1 우드락 조각 위에 연필로 영문자를 그립니다.

2 철 펜으로 글자를 따라 눌러주어 움푹 들어가게 합니다.

3 사인펜으로 우드락을 골고루 색칠합니다.

4 카드 위에 찍습니다.(카드의 1/2 위치에 찍습니다.)

5 한번 찍은 다음, 방향을 반대로 바꿔서 다시 한번 찍습니다.

6 마지막으로 카드의 중앙에 원하는 문구를 붙이면 완성됩니다.

사랑의 체험

포대 자체의 질감을 살려 그 위에 물감을 칠해 찍어내면 포대의 선들이 아름다운 무늬로 나타납니다.

준비물
머메이드지, 포대, 문자 스티커

만드는 방법

1 포대를 길게 자릅니다.

2 커피 색 물감을 준비합니다.

3 큰 붓으로 포대에 커피 색 물감을 칠합니다.

4 물감을 칠한 포대를 카드의 네 테두리에 찍습니다.

5 카드의 중앙에 원하는 문구를 붙이면 카드가 완성됩니다.

빨래하기

<아이들의 이야기>

오늘은 날씨가 참 좋았다. 엄마는 많은 옷을 빨래하셨다. 나도 엄마를 도와드렸더니, 엄마께서 네게 참 착한 아이라고 말씀하셨다.

준비물
머메이드지, 색연필,
매직, 사인펜

만드는 방법

1

2

3

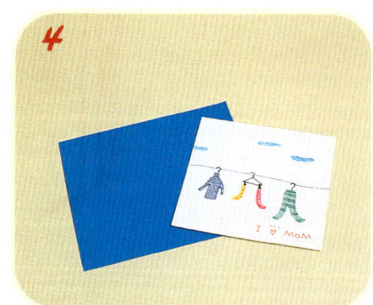
4

기분 좋은 마음

<아이들의 이야기>
저는 웃는 것을 매우 좋아합니다.
매일 웃으면 기분이 좋아집니다.
여러분도 저와 같이 즐겁게 웃어요.

준비물
머메이드지, 색연필,
매직, 사인펜

만드는 방법

1

2

3

4

5

엄마 사랑해요

〈아이들의 이야기〉

엄마께서 제게 사랑한다고 말씀하셨습니다.
저도 엄마를 많이 사랑해요.

준비물

머메이드지, 색연필,
매직, 사인펜

만드는 방법

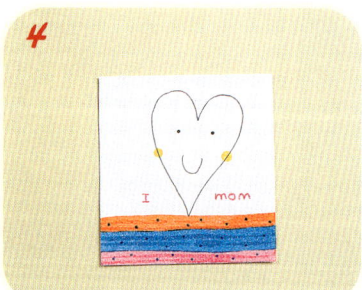

작은 나무

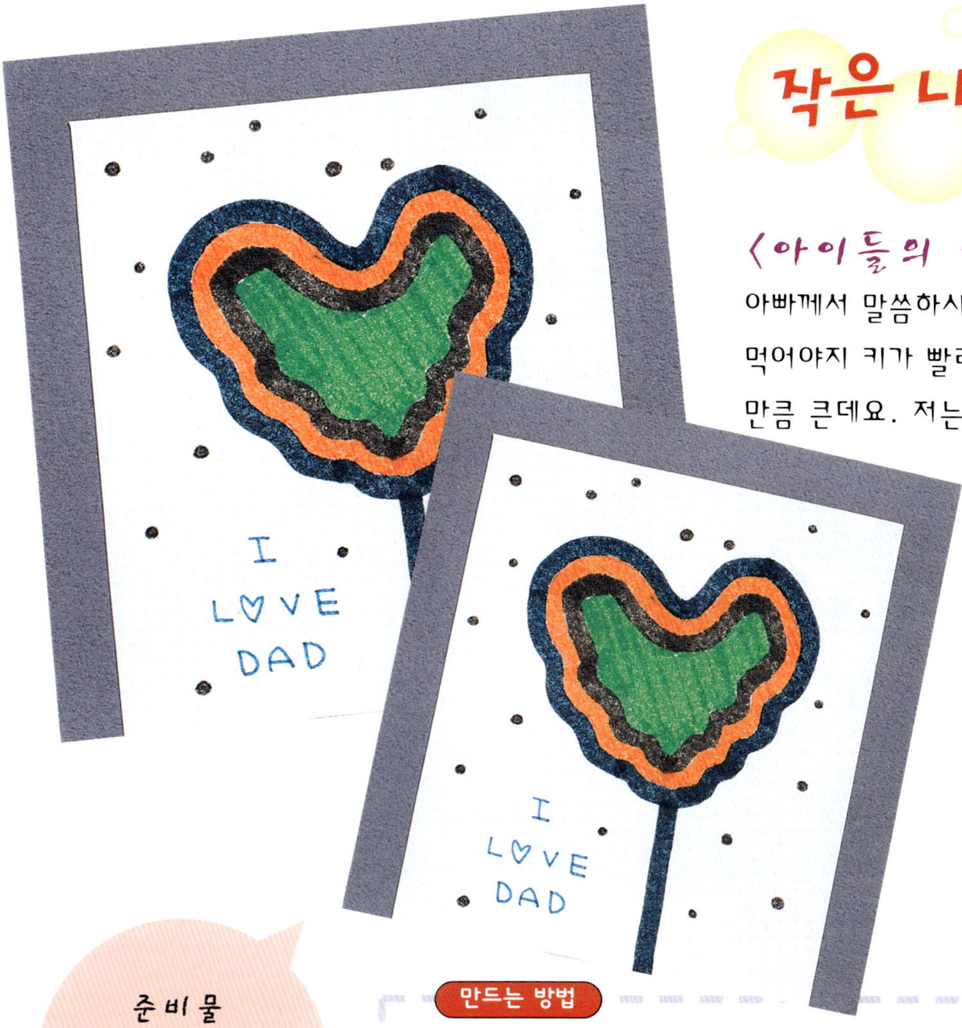

〈아이들의 이야기〉

아빠께서 말씀하시기를 우유를 많이 먹어야지 키가 빨리 자라서 작은 나무만큼 큰데요. 저는 빨리 크고 싶어요.

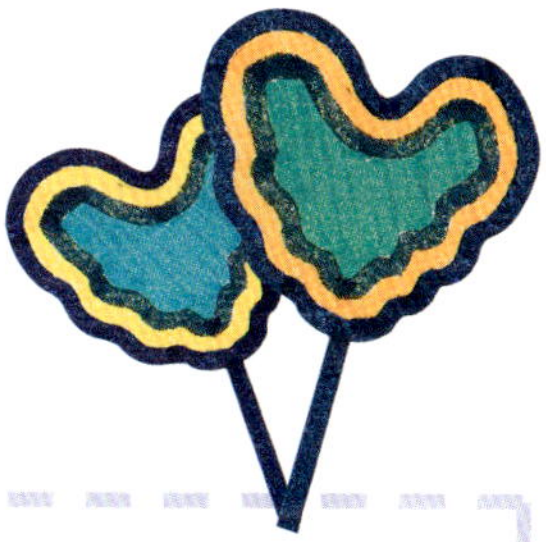

준비물

머메이드지, 색연필, 매직, 사인펜

만드는 방법

1

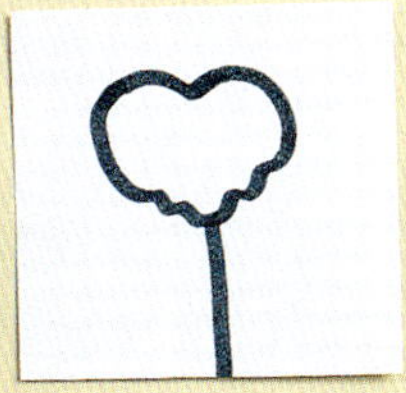

2

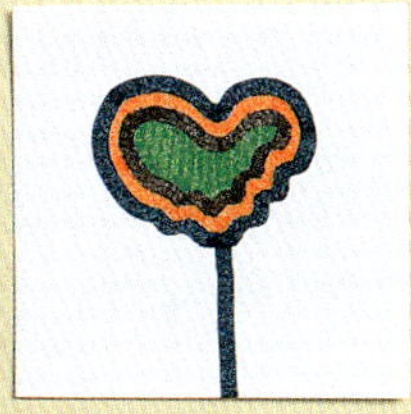

3

4

5

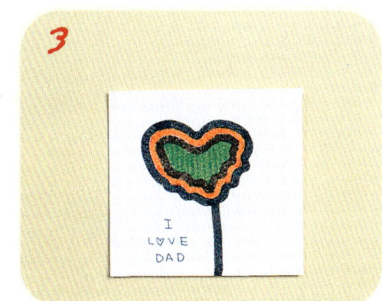

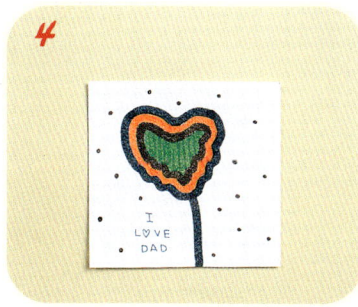

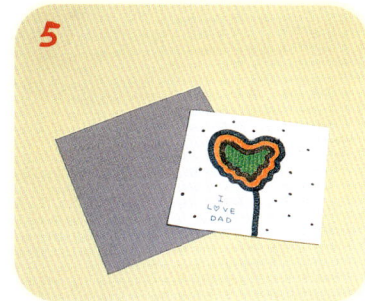

마음의 도장

〈아이들의 이야기〉

엄마께서 말씀하시기를 제가 엄마의 보물이래요. 그런데 아빠께서 말씀하시기를 엄마도 아빠의 보물이래요.

준비물

머메이드지, 색연필, 매직, 사인펜

만드는 방법

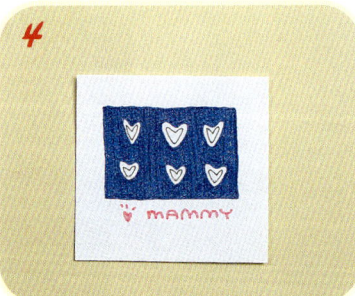

물고기 두 마리

〈아이들의 이야기〉

엄마와 아빠는 즐거운 물고기 두 마리, 매일 물 속에서 이리저리 수영합니다.

준비물
머메이드지, 색연필, 매직, 사인펜

만드는 방법

밤하늘

<아이들의 이야기>
엄마는 달, 나는 별

준비물
머메이드지, 색연필,
매직, 사인펜

만드는 방법

물병

〈아이들의 이야기〉

너의 병에는 무엇이 담겨있니?
장난감 아니면 돈?
아니면 나와 같이 엄마, 아빠의
사랑으로 가득 차 있니?

준비물

머메이드지, 색연필,
매직, 사인펜

 만드는 방법

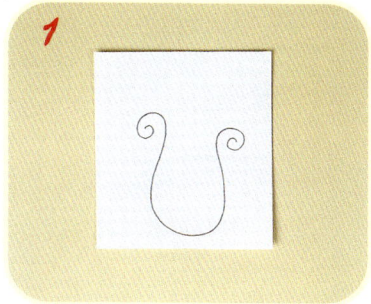
1

2

3

4

5

꽃 한 송이

〈아이들의 이야기〉

엄마는 마치 한 송이 꽃과 같이 예쁘고 좋은 향기가 납니다.
그래서 전 엄마의 향기가 너무 좋아요.

준비물

머메이드지, 색연필,
매직, 사인펜

만드는 방법

두 개의 마음

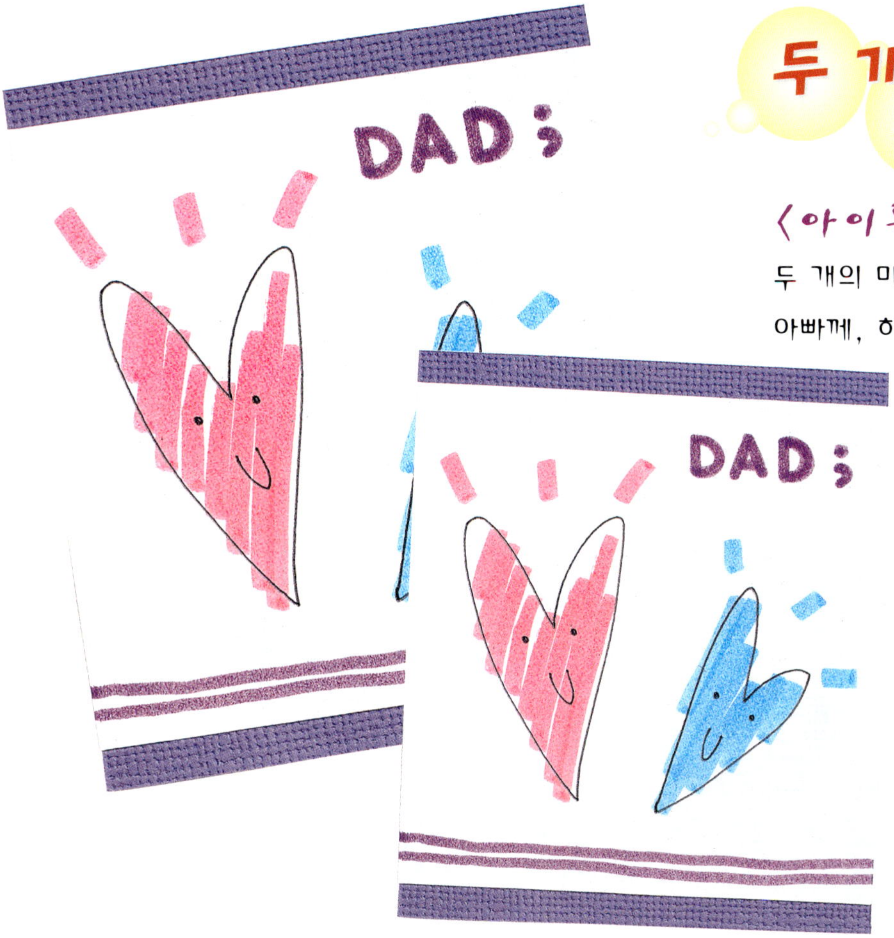

〈아이들의 이야기〉
두 개의 마음이 있습니다. 하나는 아빠께, 하나는 엄마께 드릴 거예요.

준비물

머메이드지, 색연필, 매직, 사인펜

만드는 방법

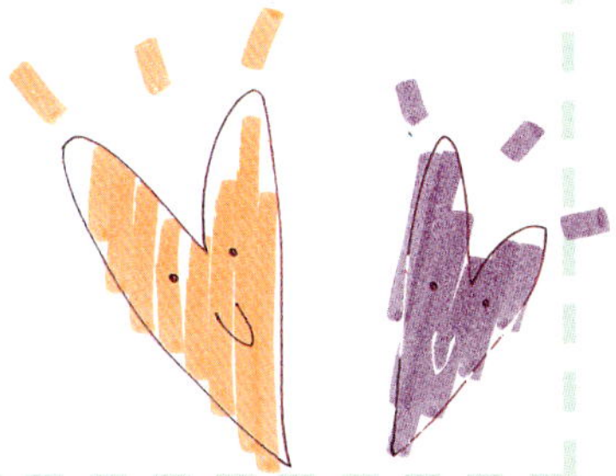

1

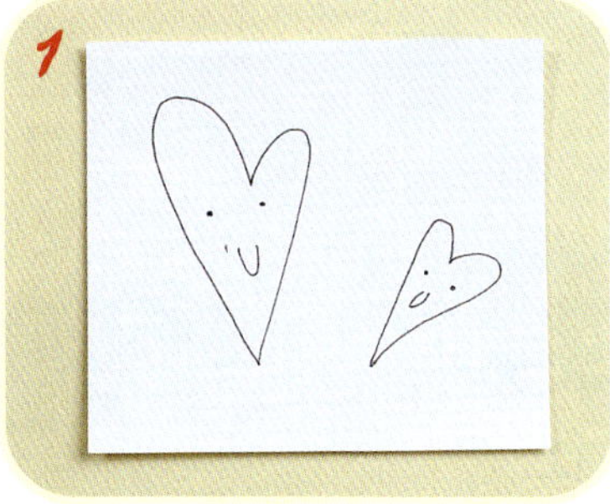

2

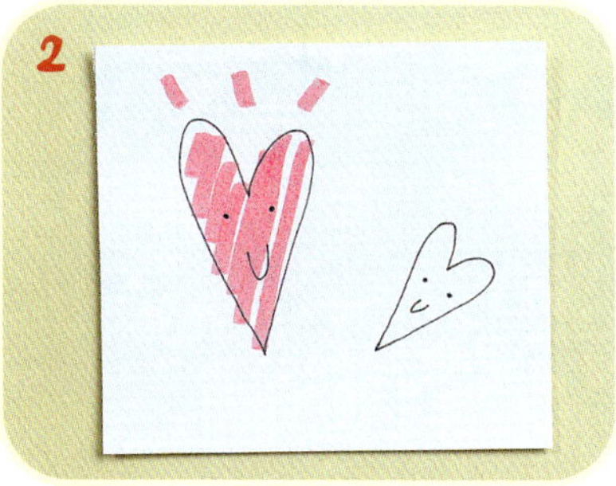

3

4

5

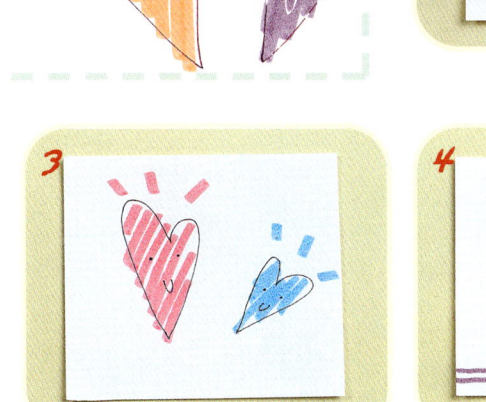

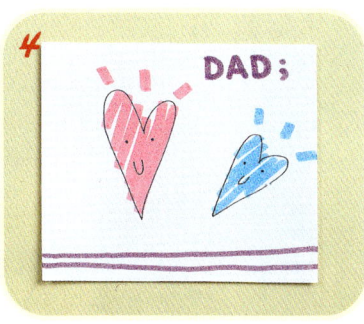

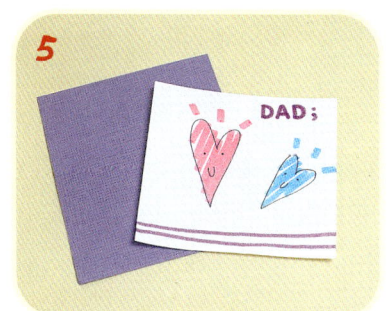

생활에 기쁨과 활력을 주는
DIY 시리즈
Do it yourself

교실 꾸미기 시리즈

호기심과 상상력이 가장 활발한 아이들과 함께 교실을 예쁘게 꾸며보세요!

생활하는 환경은 아이들에게 많은 영향을 끼치는 중요한 곳입니다. 호기심 많은 아이들이 깨끗하고 색감 풍부한 환경에서 생활한다면 좋은 성품과 세심한 관찰력을 기를 수 있을 것입니다.

▪ 4X6배판/144쪽/컬러/정가 각권 9,000원/색종이 부록 포함

교실 꾸미기 1
재미있는 환경미화

예쁘고 실용적인 작품들을 만들어 교실을 꾸며봅니다.

아이들이 좋아하는 우유나 요쿠르트 병 등의 용기를 이용해서 멋진 작품을 만듭니다. 폐품을 재활용하는 산 교육이 됩니다.

교실 꾸미기 2
재미있는 조형나라

여러 모양의 조형들을 교실을 꾸며봅니다.

직접 만든 다양한 모양의 작품들로 아이들의 생활공간인 교실을 예쁘게 꾸며봅니다.

교실 꾸미기 3
재미있는 상상의 세계

창의력을 발휘하여 직접 생활하는 공간을 꾸밉니다.

상상력을 발휘하여 교실을 꾸미면 아이들의 감각 기관을 자극하여 두뇌 발달에 도움이 됩니다.

교실 꾸미기 4
신나는 응용의 세계

응용력을 발휘하여 여러 모형들로 교실을 꾸며봅니다.

응용의 세계에서는 함께 생활하는 우리들, 우리들의 시간 등의 주제로 멋진 벽면 디자인을 만들어 봅니다.

교실 꾸미기 5
멋진 기념일

재미있고 독특한 작품들로 멋진 기념일을 꾸며봅니다.

새해, 어린이날, 어버이날, 스승의 날, 크리스마스 등의 기념일을 축하하는 멋진 창작물을 만들어 봅니다.

21세기 출판 문화를 선도하는 혜지원

좋은 책만을 고집하는 독자들을 위해 좋은 책만을 만드는 출판사 혜지원에서 출간되는 다양한 DIY 시리즈로 생활을 풍요롭게 만드십시오.

내 손으로 만드는 Card 시리즈 1~8권

주위 사람들에게 기쁨을 줄 수 있는 카드!

간단하면서도 특별한 카드를 만들 수 있도록 여러 가지 작품을 소개합니다.
정성이 듬뿍 담긴 카드를 직접 만들어 보낸다면 받는 사람도 더욱 기뻐할 것입니다.

❶ 생일 카드 만들기

사랑하는 사람이나 친구들의 생일!

솔직담백하게 자신의 마음을 표현할 수 있는 카드 한 장으로 애정이 듬뿍 담긴 축하와 축복의 메세지를 전해보세요!

■ 혜지원 단행본팀 기획/김옥경 감수/4X6배판/144쪽/컬러/7,000원

❷ 간단한 카드 만들기

주위 사람들에게 기쁨을 주는 카드!

평범한 생활에 변화를 줄 수 있는 예쁜 카드를 만들기 위한 간단하고 다양한 기법과 풍부한 아이디어를 소개합니다.

■ 혜지원 단행본팀 기획/김옥경 감수/4X6배판/144쪽/컬러/7,000원

❸ 초대 카드 만들기

 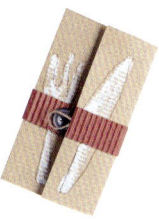

사랑하는 사람들에게 보내는 정성이 담긴 초대 카드!

특별한 날! 보고싶은 사람들에게 자신이 직접 만든 초대 카드를 보내세요. 초대하는 사람의 따뜻한 마음이 느껴집니다.

■ 혜지원 단행본팀 기획/김옥경 감수/4X6배판/136쪽/컬러/7,000원

❹ 러브 카드 만들기

사랑하는 사람에게 뜨거운 마음을 전해보세요!

평범한 것으로는 나의 마음을 표현할 수 없다!
나만의 독특하고 아름다운 카드 만드는 방법을 소개합니다.

■ 혜지원 단행본팀 기획/김옥경 감수/4X6배판/144쪽/컬러/7,000원

생활에 기쁨과 활력을 주는
DIY 시리즈
Do it yourself

IQ.EQ 발달, 창의력 개발, 언어능력 개발 그리고 바른 습관 놀이까지!
건강하고 똑똑한 아이로 키우는 육아놀이 총집합

놀이로 키우자 1, 2, 3

"엄마, 아빠와 함께 하는 놀이는 전세계 유아교육 전문가들이 인정하는 지상 최고의 교육법입니다."

건강하고 똑똑한 아이로 키우는 육아놀이 165
놀이로 키우자 0-12개월

엄마, 아빠와의 놀이는 아이의 성장을 돕는 외적 자극 중 가장 우수한 자극입니다.

이 시기에 엄마는 아기들에게 지속적인 자극을 주는 놀이를 하세요. 부드러운 천으로 아기의 피부를 자극시키거나 노래를 불러주세요. 아기는 목소리로 엄마를 알아보고 엄마의 목소리를 듣고 안정을 찾습니다.

■ 장은미, 김영숙 지음/신국판/200쪽/2도 인쇄/7,800원/베이비 클래식 CD 포함

건강하고 똑똑한 아이로 키우는 육아놀이 169
놀이로 키우자 12-24개월

아이와 놀이를 함으로써 아이가 성장하는 내내 바람직한 자극과 환경을 제공하는 부모가 됩니다.

아이가 자심감을 가질 수 있도록 "잘했어요"라는 칭찬을 자주 해주어야 합니다. 놀이를 통해 얻은 자신감은 다른 발달 분야까지 이어지기 때문입니다.

■ 장은미, 김영숙 지음/신국판/200쪽/2도 인쇄/7,800원/베이비 클래식 CD 포함

건강하고 똑똑한 아이로 키우는 육아놀이 169
놀이로 키우자 24-36개월

아이가 재미있어 하고 자꾸 하고 싶어하는 놀이가 좋은 놀이입니다.

거울을 보며 웃는 것은 자신의 존재를 느끼며 자아 인식이 확립되는 것을 보여주는 행동입니다. 이때 자기 주장이 너무 지나쳐 주위와 마찰을 빚을 수 있으므로 엄마의 세심한 보살핌이 필요합니다.

■ 장은미, 김영숙 지음/신국판/200쪽/2도 인쇄/7,800원/베이비 클래식 CD 포함

21세기 출판 문화를 선도하는 혜지원

좋은 책만을 고집하는 독자들을 위해 좋은 책만을 만드는 출판사 혜지원에서 출간되는 다양한 DIY 시리즈로 생활을 풍요롭게 만드십시오.

곰발바닥 심기자의
느낌이 있는 여행 만들기

이제 훌훌 털고 떠나자. 가족, 친구, 연인과 함께 하는 최고의 여행을 위하여

철저한 현장취재로 선정한 '바다와 섬을 찾아서', '풍경 소리가 흐르는 곳', '특별한 맛이 있는 여행', '가족 여행과 단체 여행을 위해', '전통마을에서 맡는 돌담과 흙집의 향기' 등 모두 일곱 가지의 여행 테마별 베스트 여행지 35곳을 맛깔스러운 여행담과 충실한 교통, 숙박, 맛집 정보로 소개합니다.

■ 심재학 지음/4X6배변형판/352쪽/13,000원/컬러/120분 여행지 소개 동영상 CD

재미있고 신나는
Magic 마술 과학 실험

과학이 어렵다구요?
실험이 번거럽고 재미없다구요?

우리 주변에서 일어나는 과학현상을 간단하고 재미있는 실험을 통해 원리와 성질을 알아 볼 수 있는 실험책이 나왔습니다. 주변에서 쉽게 구할 수 있는 재료들을 이용하여 실험하다 보면 원리 이해도 쏙쏙, 과학에 대한 흥미도 점점 커져서 자신도 모르게 주변 사물들을 과학적으로 보는 힘이 생길 것입니다.

■ 영국 어스본 출판부 지음/국배판/96쪽/컬러/정가 9,500원

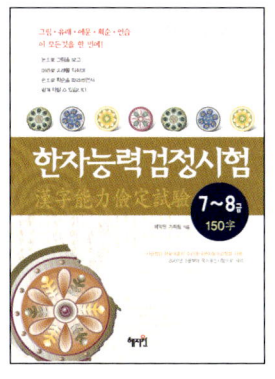

그림 · 유래 · 예문 · 획순 · 연습,
이 모든 것을 한 번에!
한자능력검정시험 7-8급

눈으로 그림을 보고, 머리로 유래를 익히며,
손으로 획순을 따라쓰면서 쉽게 익힐 수 있습니다.

- 그림과 유래를 보면서 보다 쉽게 배정한자 150자를 익힐 수 있습니다.
- 획순이 수록되어 있어 바로 따라 쓸 수 있게 되어있습니다.
- 각 한자별로 충분한 예문이 수록되어 있어 정말로 이해하기가 쉽습니다.
- 바로 보고, 바로 연습할 수 있는 공간이 적절하게 배분되어 있습니다.

■ 혜지원 기획팀 지음/4X6배판/136쪽/2도 인쇄/정가 6,000원

그림 · 유래 · 예문 · 획순 · 연습,
이 모든 것을 한 번에!
한자능력검정시험 6급

눈으로 그림을 보고, 머리로 유래를 익히며,
손으로 획순을 따라쓰면서 쉽게 익힐 수 있습니다.

- 그림과 유래를 보면서 보다 쉽게 배정한자 300자를 익힐 수 있습니다.
- 획순이 수록되어 있어 바로 따라 쓸 수 있게 되어있습니다.
- 각 한자별로 충분한 예문이 수록되어 있어 정말로 이해하기가 쉽습니다.
- 바로 보고, 바로 연습할 수 있는 공간이 적절하게 배분되어 있습니다.

■ 혜지원 기획팀 지음/4X6배판/228쪽/2도 인쇄/정가 7,000원

내 손으로 만드는 Card 시리즈 ❻
감사 카드 만들기

초판 발행일 | 2003년 9월 13일
초판 4쇄 발행일 | 2009년 4월 30일
발행인 | 박정모
기획 · 진행 | 혜지원 단행본팀
감수 | 김옥경
편집 디자인 | 배은정

발행처 | 도서출판 혜지원
(출판등록 제 9-295호)
서울시 동대문구 장안1동 420-3 (130-844)
전화 | 영업부 02)2212-1227, 2213-1227 / 편집부 02)2249-7975
팩스 | 02)2247-1227
홈페이지 | http://www.hyejiwon.co.kr
전자우편 | hyejiwon@hyejiwon.co.kr

ISBN | 89-8379-314-7-04690
ISBN | 89-8379-299-X (전 8권)

정 가 | 7,000원

Copyright ⓒ 2003 by MegaViz Publishing Inc. All Rights Reserved.
No Part of this book maybe reproduced or transmitted in any form,
by any means without the prior written permission of the publisher.
Korean Translation Copyright ⓒ 2003 by Hyejiwon Inc.
Korean edition is published by arrangement with MegaViz Publishing Inc.

이 책은 저작권법에 의해 한국 내에서 보호를 받는 저작물이므로
어떠한 형태의 무단 전재나 복제도 금합니다.
이 책의 한국어판 저작권은 MegaViz Publishing Inc.와 독점 계약한
도서출판 혜지원에 있습니다.

● 잘못 만들어진 책은 구입한 서점에서 교환해 드립니다.